Le Corbusier
르 코르뷔지에

RU KORUBYUJE

by Tominaga Yuzuru

Copyright © 1989 by Tominaga Yuzuru

All right reserved.

Korean translation rights © 2005 Renaissance Publishing Co.

Original Japanese edition published by Maruzen Co. , Ltd.

Korean translation rights arranged with Maruzen Co. , Ltd.

through Bestun Korea Agency.

이 도서의 국립중앙도서관 출판시도서목록(CIP)은
e-CIP 홈페이지(http://www.nl.go.kr/cip.php)에서 이용하실 수 있습니다.
(CIP제어번호: CIP2005000140)

세계건축산책 1

Le Corbusier
르 코르뷔지에

– 자연, 기하학 그리고 인간 –

도미나가 유주루 지음 | 김인산 옮김 | 우영선 감수

르네상스

일러두기

1. 외래어 표기는 한글맞춤법 외래어표기법을 따랐으며, 브리태니커 백과사전을 참고하였다.
2. 생소한 인명, 지명이 나올 때는 처음 한 번만 원어를 병기하였다.
3. 인명 옆에 표기된 연도는 생몰년, 건물명 옆에 표기된 연도는 설계 연도다.
4. 지은이의 주는 본문에서 괄호에 넣어 처리하였다.
5. 옮긴이의 주는 * 표시와 함께 해당 지면 아래쪽에 각주를 달았다.
6. 건축 용어에 대한 설명은 감수자가 붙인 것이다.

Le Corbusier | 차례

그리스부터

"수개월간, 나는 고전의 진수를 이해하는 데 온 정신을 집중해 왔습니다. 마치 꿈이 나를 완강히 그곳으로 끌고 간 것 같습니다. 현대에 접어들어 직선의 대리석, 수직의 원기둥, 그리고 바다의 수평선과 평행을 이루는 엔타블러처* 가 하얗게 빛나는 저 행복한 대지를 향해 이제까지와는 달리 열렬한 시선이 모아지고 있지 않습니까? 이제야 나의 꿈을 실현할 좋은 기회가 찾아왔습니다. 연구 생활에 종지부를 찍기 위해 원대한 여행을 준비하기 시작했습니다."

훗날 건축가 르 코르뷔지에가 되는 스물네 살의 잔느레는 1911년 3월 1일에 쾰른에서 자신보다 나이 많은 친구 윌리엄 리터(William Ritter, 1867~1955년) 앞으로 이런 편지를 보냈다. 동방으로의 여행은 그해 5월에 실제로 이루

---

* entablature. 고전 건축의 오더에서 기둥 위에 얹혀진 상층부로서, 아키트레이브, 프리즈, 코니스로 이루어진다.

그리스 산토리니 섬 피라, 새하얀 집들이 모여 있는 마을

어져, 그는 수개월에 걸쳐 발칸 반도 건축 답사에 나선다. 그리고 그해 9월 여행의 최대 목적지인 아테네의 아크로폴리스가 그의 눈앞에 펼쳐진다.

라틴의 빛

서유럽의 건축 여행은 언제나 그리스부터 시작된다. 1989년 이른 봄, 나는 그리스에서 이탈리아로 향하는 지중해 여행길에 나섰다. 겨울에도 맑고 푸른 하늘을 배경으로 바닷가에 하얗고 작은 마을들이 이어져 있다. 잔느레가 이곳을 여행하면서 만났을 자연과 인간의 소박한 교감이 80여 년이 지난 오늘날에도 계속되는 것처럼 느껴진다. 앞뜰의 오렌지 나무에는 등색의 오렌지가 탐스럽게 열렸고 채색된 나무 문은 선명한 청색과 녹색을 띤다. 바다로부터 한 차례 바람이 불어오자 울창한 올리브 나무의 은녹색 잎이 일제히 흔들리며 미세한 빛을 반사한다. 하얗게 회벽칠한 집들을 연결하는 사다리 같

그리스의 골목길

은 돌계단으로 올라갔다. 하얀 빛 속을 걸어가자 역사 속의 한 인간이 떠오르기보다는 인간과 영원한 것 사이의 관계를 명상하게 된다.

아테네 시내는 소박하지만 투명한 분위기로 넘쳐흐른다. 시내의 조형 감각은 입체적이기보다는 평면적이고, 광고판에 써 있는 그리스 문자의 형태나 적색·흑색·백색의 배색은 20세기 초 러시아 아방가르드를 연상시켜 동양적인 느낌을 준다. 현재의 그리스 풍물이나 미술에서도 투명하고 맑은 기운이 느껴져 친근감마저 든다. 햇빛을 받아 반짝이는 파르테논 신전이 보이는 신티그마 광장의 호텔 4층 테라스에서 아침 식사를 마치고 제우스 신전으로 향했다.

평일의 거리는 혼잡하고 자동차 배기가스로 가득 차 있지만, 다행히 오늘은 휴일이어서 한산하다. 제우스 신전은 흰 대리석으로 된 코린트 양식의 거대한 신전이다. 파릇파릇한 잔디 위에 원기둥이 몇 개 서 있다. 맞은편 언덕

제우스 신전, 줄지어 늘어선 기둥에 새겨진 플루팅

위에는 흰 돌덩어리로 된 아크로폴리스가 푸른 철판 같은 하늘에 새겨져 있다. 잔느레는 파르테논에 대해 이렇게 말했다.

"형태에서는 자연의 모습을 볼 수 없으나 빛과 대리석의 질감 덕분에 자연스럽게 하늘과 땅에 연결된 것처럼 보인다. 이것은 마치 '바다'라는 사실, '산'이라는 사실처럼 자연스러운 사실을 창조해 낸다. 인간의 창조물 가운데 그 어느 것이 이러한 단계까지 도달할 수 있는가?" (르 코르뷔지에, 『건축을 향하여』)

제우스 신전 옆에는 둥글게 잘린 기둥의 단편들이 쌓여 있다. 멀리서 볼 때 가장 멋진 효과를 낼 수 있는 기둥을 선택하여 플루팅(fluting, 세로 홈 장식)을 새긴 스케일의 거대함. 혹시 인간은 자연의 바다가 만들어 내는 정경을 모사하여, 원기둥에 수직으로 물결 모양의 플루팅을 새긴 것이 아닐까? 여러 개의 원기둥으로 신전을 세우는 방식은 분명히 이집트인의 머리에서 나온

헤파이스토스 신전, 코니스의 뮤틀과 이슬방울 모양

생각이다. 하지만 그리스 문화를 낳은 사람들은 기원전 14세기부터 발칸 반
도 남단에 살았던 아카이아인과 그 후 북쪽에서 남하한 도리스인이다. 지중
해를 무대로 늘 바다를 보며 살았던 사람들인 만큼 물보라를 일으키며 반짝
이는 파도의 시각적 효과를 자신들이 세운 신전의 원기둥에 새겨 넣은 것이
아닐까? 물론 나 혼자의 감상과 추론에 불과하지만 말이다. 돌산에서 잘라낸
하얀 돌덩어리에 몇 줄의 플루팅을 새김으로써 되풀이될 수 없는 시간의 흐
름을 표현해 준다. 그것은 영원히 이질적이고 거친 외부 세계를 인간의 스케
일로 끌어들이는 방법 중의 하나였음이 분명하다.

　주두柱頭*를 채운 비칠 듯이 하얀 대리석의 아칸서스 잎을 보라. 지금도
신전 주변에서 자라나는 잡초 아칸서스와는 과연 어떤 관련이 있을까? 지금

---

* capital. 기둥의 최상부 요소로서, 지붕과 엔타블러처의 하중을 기둥에 전달하는 과정에서 완충재 역할을 한다.
　장식 모양에 따라 오더의 유형이 결정되기도 한다.

도 그곳에서 **빽빽하게** 자라는 짙은 녹색 잎과 덩굴을 신전의 기둥머리에 거대하게 묘사한 그리스 세계는 과연 어떤 것일까? 양치류 식물, 하얀 백합, 잡초, 인체 등이 동일한 가치로 한데 어우러져 건축에 유입되어 오더*를 채색하고 장엄하게 장식한다. 인간의 영원한 삶을 믿는 이집트인은 부활의 기원을 담아 정적인 건축을 구축했지만, 시간에 대한 인간의 무력함을 인식한 그리스인은 현세의 삶을 표현하기 위해 약동하는 생명의 모습을 신전에 새긴 것이 아닐까? 자연의 생명체가 살아 있다는 점을 가장 구체적으로 잘 표현해 주는 '움직임' 속에서 그리스인들은 아름다움을 발견한 것이다. 기원전 490년경에 세워진 델포이 신전의 기둥에 새겨졌다는 그 유명한 '너 자신을 알라'는 말처럼, 인간의 숙명과 가능성에 대해 각성해 보라는 촉구의 메시지를 예술을 통해 전해 주는 듯하다. 또한 그들이 자연 속에서 규칙적이며 기능적으로 순화된 형태를 발견했다는 사실도 간과할 수 없다.

자연스러운 사실

헤파이스토스 신전의 코니스**에서 볼 수 있는 띠 모양의 뮤틀***이나 규칙적으로 돌출된 이슬방울 빛의 원통형 대리석들은 마치 기계의 '철재 리벳 접합'처럼 보인다. 하지만 안쪽으로 기울어진 코니스의 경사나 빛과 그림자의 움직임을 보면, 결코 유기적이지 않다고 할 수 없다. 르 코르뷔지에가 파르테논을 '자연스러운 사실'이라고 말했듯이, 마치 생명이 있는 듯한 기계를 순화시킬 때 만들어지는 바로 그 모습이 아닐까? 야성野性의 기계, 그렇다, 어제 아테네 국립박물관에서 보았던 미케네의 사자머리 황금 가면은 분명히 동물

---

*order. 서양 고전 건축의 중요한 구성요소며, 주초, 주신(기둥), 주두, 엔타블러처로 이루어진다. 기둥 직경을 기준으로 오더를 이루는 각 요소들의 크기와 비례가 정해진다.
**cornice. 고전 건축의 오더에서 엔타블러처 구성 요소 중 최상부.
***mutule. 도릭 오더의 코니스 하부에 돌출된 평평한 블록.

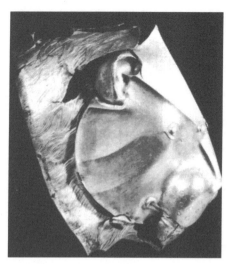

사자 머리 황금 가면(아테네 국립박물관 소장, 기원전 20~12세기)

의 데스 마스크지만 기계의 일부와 얼마나 비슷했던가.

르 코르뷔지에가 설계한 센트로소유즈Centrosoyus 계획안 모형을 위에서
내려다보고 찍은 사진에서 발견할 수 있는 기능적인 아름다움 또한 이와 유
사하다. 눈·코·입·귀의 배열로 표현된 생명이 있는 듯한 형상, 움직이고 휘
어지는 힘을 간직한 형태처럼, 물질 속에 갇혀 있으면서도 생동하는(또는 그
렇게 느껴지는) 것이 '자연스러운 사실'이다.

르 코르뷔지에는 근대 건축의 선언문인 『건축을 향하여』(1923년)에서, 그
리스 신전과 20세기 초에 등장한 엄밀한 의미의 기계들을 인간의 작품이라
는 동일 선상에 놓아 세상을 떠들썩하게 했다. 그것은 역사 속에서 변하지 않
고 면면히 이어진 세계를 인간화하고자 한 예술 의지를 표출한 것이다. 우리
의 존재가 아무런 필연성도 갖지 못하는 거대한 타자他者로서의 세계, 빛으
로 충만한 하늘과 푸른 바다에 둘러싸인 단순하고 강렬한 광채로 빛나는 세

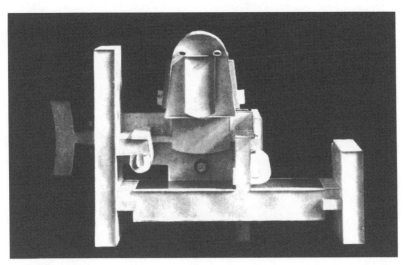

센트로소유즈 계획안(모스크바, 1928년). 2,500명을 수용할 수 있는 행정 기관. 국제 지명 설계경기에서 설계한 작품이며 수상작으로 채택되었다.

계, 시간의 흐름과 함께 점차 빛을 잃으며 땅거미 속으로 사라지는 세계. 예술은 덧없는 아름다움으로 가득 찬 이 세계를 가공하여 인간화하고 고정시키려는 시도다. 예술은 아무것도 없는 비탈면에 떨어지는 겨자씨 한 알처럼, 인간의 징표로서 말뚝을 박고 인간 질서를 근거로 세계를 재구성하여 정착시키는 작업이다.

여행길에서 놀라울 정도로 아름다운 자연의 풍광과 시시각각 변하는 하늘의 색채에 감동할 때면, '이곳은 내가 죽은 뒤에도 변함없이 아름답게 빛나겠지' 하는 생각이 들어 가슴이 죄어드는 것 같다. 고대부터 오늘에 이르기까지 거대한 자연의 풍요로움은 인간의 생사와 관계없이 오랜 세월 동안 인간에게 기쁨을 선사해 왔다. 건축은 그러한 자연이 만들어 내는 흐름을 거스르고 그 근저에 흐르는 인간의 지혜며 하나의 플루팅이자 아칸서스 잎이다. 그것은 인간이 살아 있다는 증거고 세계의 인간화, 생명의 형식화일 것이다.

파르테논 신전

동방으로의 여행

1911년 늦여름의 태양 아래 반짝이는 아크로폴리스의 건축물을 보고, 스물 네 살의 잔느레는 무엇을 생각했을까? 그 당시의 여행 수첩(스케치북) 6권이 1982년에 발견되었다. 수첩은 여행 중의 일상을 적은 글과 여행 경비, 교통 수단 등을 기록한 메모들로 가득하다. 그런데 이렇게 꼼꼼한 기록은 아테네 에 오면서 뚝 끊기고, 아무런 글이나 기록도 하지 않은 채 몇 장의 아크로폴 리스 스케치만 이어진다. 글로는 감동을 표현할 수 없었던 모양이다. 역사의 물줄기에서 반짝이는 사금과 같은 작품을 접한 잔느레는, 아크로폴리스를 만든 사람들과 마음속 깊이 공감을 한 것처럼 보인다. 시간을 초월한 생명의 약동이 전해져 온 것이다. 게다가 그것이 자연의 덧없는 아름다움이 아니라, 현실에 존재하는 사물에 새겨진 아름다움이기에 충격을 받았을 것이다.

　"그것은 바로 아크로폴리스 언덕 위에서, 파르테논의 돌계단에서, 그리고 저 폼페이의 거리에서 생겨난다. 우리는 거기서 과거의 현실과 저 너머에 있는 불변의 바다를 본다. 그곳에는 과거의 현실과 두려울 정도로 신비로운 인간의 지혜가 솟아나는 분화구 하나가 있다."(『수첩 4』, 1911년 10월 10일)

르 코르뷔지에는 시간 앞에서 무기력한 인간의 숙명을 거스를 수 있는 단 하나의 명백한 방법으로서 예술의 의미를 깨달았다. 이때 그는 건축 창조의 핵심에 도사린 생의 단면을 접한 것이 분명하다. 역사라는 침전물에 숨겨진 '하나의 분화구'를 찾아다니자. 르 코르뷔지에의 마음을 움직인 풍경은 지금도 변함없이 나의 눈 앞에, 이른 봄의 햇빛을 받으며 밝게 빛난다. 24세의 르 코르뷔지에는 과거로 거슬러 올라가는 여행을 한 후, 반세기 동안 눈부실 정도로 왕성한 창조 활동을 했다. 과거로 가는 이 동방으로의 여행을 바탕으로, 역사의 규범을 확인하여 덧붙이고 다시 이용하고 쇄신하여, 그가 살다 간 시대의 약동하는 생명력을 저마다의 건축 속에 새겨 넣은 것이다. 나는 이제부터 반세기에 걸친 르 코르뷔지에 작업의 자취를 찾아 나서려고 한다. '신비로운 인간의 지혜가 솟아나는 또 하나의 분화구'로서…….

아크로폴리스 스케치(1911년)

르 코르뷔지에가 스위스 라 쇼드퐁에 설계한 첫 작품 팔레 주택

입면에 새긴 수목 패턴 디자인은 주변 삼림과 잘 어울린다.

파리 시내에 있는 라 로슈·잔느레 주택(1923년). 현재는 르 코르뷔지에 재단으로 사용된다.

직선의 도로에 대하여 둥글게 만나는 아틀리에의 히얀 곡면 벽

얇은 벽면. "주택은 살기 위한 기계다."

아틀리에 하부 필로티

은행가 라 로슈는 아틀리에를 큐비즘 작품으로 장식했다.

곡면 벽을 따라 배치된 경사로를 올라가면 새로운 장면이 전개된다.

현관 위 브리지에서 본 모습

신록 속에서 빛나는 새하얗고 순수한 입방체 사보아 주택

사보아 주택 정면, 북쪽 입면

진입로에서 본 옆으로 긴 연속창, 남쪽 입면

사보아 주택 내부, 황혼 무렵의 현관 홀

중앙의 경사로 필로티에서 주 생활 공간인 2층(피아노 노빌레)으로 완만하게 올라간다.

대립의 교향악. 빛과 어둠, 직사각형과 곡선, 내부와 외부, 인공과 자연

옥상 정원에서 본 모습

평면의 중앙으로 들어온, 시점의 높이를 연속적으로 이동시키는 장치

거실 입구

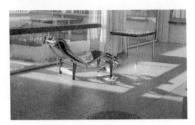

맑고 깨끗한 시간

르 코르뷔지에가 설계한 스틸 파이프와 가죽을 댄
안락의자

지중해의 추억. 동굴과 빛. 여름의 거실

공중을 가로지르는 가로로 긴 파인더

여름의 거실에서 2층 테라스를 통해 본 거실

옥상의 굴뚝

건축이란 빛 속에 자태를 드러낸 기하학적 매스들의 유희이며 정확하고 장엄한 연출이다.

서유럽 문명의 모태, 지중해

산토리니 섬의 새하얀 집들이 모여 있는 취락지, '건축의 산책로'

카프 마르탱의 오두막집에서 바라본 지중해

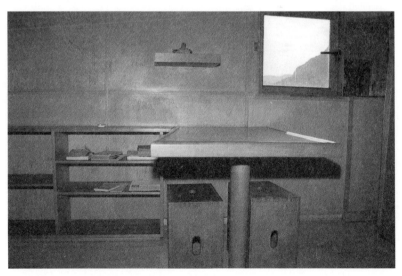

1952년에 세운 르 코르뷔지에 오두막집의 실내. 인간적 척도

롱샹 성당(1955년), 원경, 메아리치는 풍경의 모습

외부 성당, 풀밭을 향한 제단

언덕 위의 성당. '풍경의 음향학'을 연상시키는 지붕의 곡선, 얇은 게 껍질 이미지

옥외 예배 공간의 부분 조형. 빛 속 기하학의 유희

불룩한 고해소를 사이에 둔 두 개의 소성당 탑

빗물받이(gargoyle). 르 코르뷔지에는 이 빗물받이를 '코끼리의 코'라고 불렀다.

남쪽 내부 벽면. 스테인드글라스의 벽, 빛의 구멍은 모듈러에 의해 구획되었다.

남쪽 외부 벽면

"지면의 경사는 가파르고 골짜기로 떨어지며 평야를 향해 열려 있고 숲에 둘러싸여 있다."
(라 투레트 수도원, 1959년)

서쪽 진입로에서 본 모습

중정 내부, 빛 속 기하학적 매스들의 유희

현재 수도원은 일반 연수시설로 개방된다.

소성당과 빛 대포

세 개의 빛 대포와 라 투레트 고지

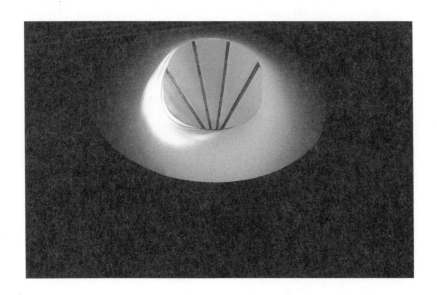

정적과 평화

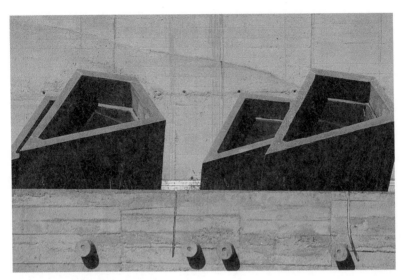

성구실의 옥상에 배치된 빛 기관총

십자형의 회랑식 경사로와 섬세한 스케일을 주는 세로결 유리

인간적 척도로 계획된, 천장 가득히 뚫린 빛의 띠

대성당 내부

사람의 시선 높이에 뚫린 빛, 삼색으로 채색된 빛과 콘크리트와의 대비

지중해의 품에 안긴 카프 마르탱 언덕에 르 코르뷔지에와 그의 부인의 묘가 있다.

르 코르뷔지에, 샤를 에두아르 잔느레 이곳에 평안히 잠들다.

Le Corbusier

1

쥐라 숲의 기하학

– 라 쇼드퐁 –

르 코르뷔지의 본명은 샤를 에두아르 잔느레Charles Edouard Jeanneret다. 1887년 10월 6일 스위스 북부의 라 쇼드퐁에서 태어났다. 라 쇼드퐁은 스위스 시계 산업의 중심 도시이며, 잔느레의 아버지는 시계 문자반에 에나멜을 칠하는 일을 했다. 매우 고된 일이고 그 당시 쇠퇴해 가는 수공예였기 때문에, 잔느레는 아버지의 뒤를 이으려 하지 않았고 아버지 역시 그 일을 권하지 않았다. 피아노를 가르치는 성실한 음악가였던 어머니는 "한번 시작했으면 끝까지 최선을 다하라."는 프랑스 작가 라블레François Rabelais의 말을 입버릇처럼 했는데, 이 말은 후에 르 코르뷔지에에게 행동 지침이 되었다고 한다. 르 코르뷔지에는 어린 시절부터 그림에 뛰어난 재능을 보였고, 그의 형 알베르 잔느레는 어머니로부터 영향을 받아 작곡을 지망했다. 알베르의 기억에 따르면, 잔느레는 환상적인 판화집『지그재그 여행』을 혼자 열심히 모사하며 꾸준히 그림을 그렸고, 완성한 그림은 빨랫줄에 매달아 놓고는 즐거워했다고 한다. 알베르는 스트라빈스키, 동향인 앙세르메Ansermet와 친교를 맺으며 작곡가로서 일가를 이루었다.(S. V. 모스,『르 코르뷔지에의 생애』)

라 쇼드퐁은 1년 중 절반은 눈에 묻혀 있는 쥐라 산맥의 골짜기에 고립된 해발 1,000m의 작은 도시다. 잔느레는 그림을 즐겨 그렸다. 완고하고 내향적이며 폐쇄적인 이 아이는 끝없이 이어지는 산자락과 맑은 공기 속에서 창조적 인간의 심층을 침전시켜 갔다. 사진의 감광막보다도 더 빛에 민감한 이 '쥐라 숲의 아이'가 쌓은 내면의 어두운 층은, 식물의 씨앗처럼 지중해 빛의 세례를 받아 여물어 터지고 모든 감각이 활짝 열려 매료되어 이끌려 간다.

아버지는 열광적인 등산 애호가이자 아마추어 식물학자였으며 산악 모임 알핀 클럽Alpen Club의 지부장까지 지냈다. 아버지는 '쥐라 숲의 아이'와 함께 산책하며 갖가지 동물과 식물에 대해 설명해 주었다. 그 당시에 자연의 다양한 모습을 그린 스케치들이 많이 남아 있는데, 어릴 적 자연으로부터 받은

잔느레 주택(1912년). 부모님의 집

이러한 감탄을 일생 동안 마음속 깊이 간직하고 있었다. 그의 마음에는 이미 자연 속에서 진실하고 올바르고 근본적인 것을 발견하려는 사고의 지향점이 확고하게 자리 잡고 있었던 셈이다. 열세 살 때 라 쇼드퐁 장식미술학교에서 치른 시험에서 삼 일간의 과제를 첫날 저녁에 제출할 정도로 재능이 뛰어난 아이였다. 19세기에 설립된 이 학교는, 사소한 실수로도 값비싼 금과 은을 망칠 수 있기 때문에 매우 정확한 시계 조각사를 양성해 내는 것을 목표로 삼았다. 잔느레는 이러한 세공을 경험하면서 치밀한 일처리와 엄격한 데생을 배웠을 것이다. 열다섯 살 때 토리노 장식미술전에서 입상한 금·은으로 세공된 회중시계는 르 코르뷔지에 탄생 100주년을 기념하는 대규모 회고전에 전시되기도 했다.

이 학교의 젊은 스승 샤를 레플라트니에Charles L'Eplattenier는 잔느레의 앞날에 자연과 예술의 문을 활짝 열어 준다. "일요일이면 제일 높은 산의 정

생물의 형태 스케치 중 도마뱀

상에 모였다. 험난한 봉우리와 완만한 경사, 너른 목장에 수많은 가축의 무리, 아득한 지평선, 날아오르는 새의 무리……. 우리는 서로의 미래에 대해 이야기했다. 선생님은 이곳에 자연을 기리는 기념비를 만들자고 말했다. '이곳에 우리의 인생을 바치자. 도시에서 벗어나 자연 속에서 살자. 천천히 시간을 들여 자신의 작품으로 가득 채우자. 그러면 이 부근에는 목축의 신 파우누스와 꽃의 여신 플로라가 찾아올 것이다. 일 년에 한 번, 이곳에서 크게 제를 올리고 건물의 네 모퉁이에 새빨갛게 불을 피우자.'"(모스, 앞의 책)

당시 라 쇼드퐁의 시계 산업은 점차 기계 생산으로 바뀌는 추세였다. 레플라트니에는 시계 장식미술의 위상이 점차 낮아진다고 느끼고 선생으로서 학생들에게 더 넓은 시야를 갖게 해줘야겠다고 생각했던 것 같다. 그는 교실 밖인 쥐라 숲의 자연 속에서 우선 자연의 본질에 접근하고 양식화하여 형태로 표현하는 것을 가르쳤다. 당시 잔느레의 스케치를 보면, 일상적으로 만나는

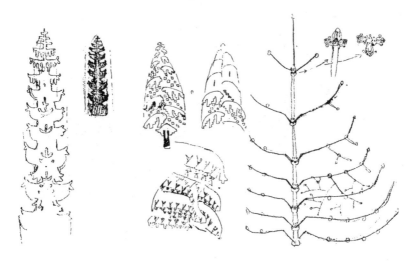

열여덟 살에 그린 식물 조직 스케치 중에 눈에 덮인 전나무

주변의 세계를 직시하고 추상화하여 유형화시켰음을 알 수 있다. 전나무의 모습, 나뭇가지 사이로 비치는 햇살이 만들어 내는 패턴, 그림자가 만들어 내는 모양, 나뭇잎과 개구리와 도마뱀. 이집트 하면 수련, 그리스 하면 아칸서스, 고딕 하면 꽃과 동물·괴물이 떠오르는 것처럼, 레플라트니에는 쥐라 지방의 양식적 어휘들을 하나씩 창조하기 위해 학생들을 데리고 나가 쥐라의 동식물에 대해 탐구하도록 한 것이다. 언제나 자연의 질서를 신뢰하고 자연에서 본질을 발견하며 자연으로 회귀하려 했던 르 코르뷔지에의 태도는 바로 라 쇼드퐁에서 받은 교육의 유산임이 분명하다. 레플라트니에는 잔느레의 재능을 시계 케이스 조각보다는 오히려 건축에 있다고 생각했고, 잔느레는 화가가 되고 싶어했다. 잔느레는 노년에 이 당시를 떠올리며 다음과 같이 말했다. "선생님은 나에게 '자네는 반드시 다른 일을 할 걸세. 건축가가 될 거야!' 라고 말씀하셨다. 정말 뜻밖이었다. 주변의 건축은 이것도 저것도 모두

1902년 열다섯 살 때 토리노 장식미술전에서 입상
한 시계 세공품

쥐라 숲의 기하학. 전나무 장식의 습작

멋없고 감동적이지 않았다."(비디오⟨르 코르뷔지에 전집⟩) 1917년 서른 살에
파리로 떠나기 전까지, 그는 그곳에 습작에 해당하는 건축 작품 일곱 채를 남
겼다.

저녁 무렵 파리 리옹 역에서 벨포르행 열차를 타고 400km를 달린 후 밤
열한시에 눈으로 뒤덮인 브장송에 도착했다. 거기서 하룻밤을 묵고 다음날
이른 새벽에 두 량으로 연결된 등산 열차를 타고 80km 정도 떨어진 르 로클
Le Locle로 향했다. 열차는 산골짜기의 흰 안개 속을 뚫고 올라갔다. 온 세상
이 은빛이다. 아침 햇살이 닿는 곳마다 들쑥날쑥한 전나무 가지 위에 쌓인 눈
이 반짝인다. 두 시간 정도 지나 르 로클 역에 도착하니 한산한 공장 풍경이
보인다. 이곳에 1912년에 세워진 파브르 자코 주택Maison Favre-Jacot이 있
다. 사보아 주택Villa Savoie처럼 교통 동선을 건축의 형태에 대응시키려는

파브르 자코 주택의 스케치(1912년)

의도가 이곳에서 이미 엿보인다. 열차가 도착하면 사람들이 잠깐 모였다가 금방 흩어지는 작은 도시다. 이곳에서 한 시간마다 있는 열차를 타고 10분 정도 더 가면 라 쇼드퐁 역에 도착한다.

　라 쇼드퐁은 알프스 지방의 전형적인 도시로 역 앞에는 정연한 시가지가 펼쳐져 있다. 눈이 사람 키 높이 정도로 많이 쌓였다. 중심 거리는 제설이 되었지만 집이 드문드문해지는 한적한 길에 이르자 걷는 것조차 힘들어졌다. 경사가 급해지더니 전나무로 뒤덮인 비탈진 경사지에 르 코르뷔지에가 열여덟 살에 설계한 팔레 주택(Maison Fallet, 1905년)이 나무들 사이로 얼굴을 내밀었다. 스승 레플라트니에의 집이 바로 맞은편에 있다. 잔느레는 부모님의 집인 잔느레 주택(Maison Jeanneret, 1912년)을 포함하여 세 채의 집을 이 부근에 더 지었다. 팔레 주택의 남쪽과 서쪽 입면에는 주변의 전나무를 표현한 패턴이 그려져 있다. 발코니의 철제 난간과 창틀에도 똑같은 모티프가 사용

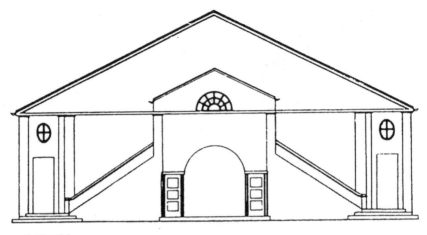

시네마 스칼라

되어, 주택은 주위에 눈이 쌓인 나무의 들쑥날쑥한 기하학적인 패턴과 조화를 이룬다. 이 패턴은 하나의 '자연스러운 사실'로서, 쥐라 숲의 풍경을 기하학화한 것이기도 하다. 자연 세계의 이면에 감추어진 생장, 증식과 관련된 논리적 구조를 추출하여, 아르누보의 유기적인 곡선이 아니라 명쾌한 기하학으로 변형하여 표현한 것이다. 여기서 르 코르뷔지에의 작품을 관통하는 조형 원칙을 볼 수 있다. 자연을 있는 그대로 옮기는 직접적인 모사가 아니라, 인간의 질서인 기하학을 건축 위에 재구성한 것이 분명하다.

잔느레는 레플라트니에가 소개해 준 젊은 건축가 샤팔라의 도움으로 1908년까지 습작에 속하는 주택 세 채를 설계했다. 1911년 동방 여행을 다녀온 후에 설계한 잔느레 주택, 라 쇼드퐁 역 부근에 있는 영화관 시네마 스칼라(Cinéma Scala, 1916년, 현재는 후면에만 르 코르뷔지에의 디자인이 남아 있다.), 슈보브 주택(Villa Schwob, 1916년)에는 확실히 지중해의 밝은 햇빛 속에서 받은 교훈이 담겨 있다. 이것은 한 명의 건축가가 탄생했음을 분명하게 알려준다.

여느 작가의 초기 작품이 그렇듯, 잔느레의 작품에서도 영향을 받은 다양한 요소들이 혼재하고 방법적으로도 철저하지 못한 부분이 발견된다. 하지만 대칭symmetry에 기반을 둔 구성의 고전성과 정방형에 기초를 둔 비례 감각proportion은 이미 뚜렷하게 나타난다.

일 년 중 절반은 눈에 묻혀 있다는 쥐라의 어두운 숲에서 태어나, 빛에 민감한 창조의 어둠상자를 품고 끊임없이 그림을 그렸던 내향적인 한 소년은 스물네 살 때 길을 나선 동방 여행에서, 온 감각으로 빛을 접하고 그로부터 해방되어 건축에 대한 계시를 받는다. 그 당시 여행 수첩을 보면 훗날 모든 아이디어의 근원이 되는 씨앗을 확인할 수 있다.

1917년 서른 살에 슈보브 주택의 완성을 끝으로 잔느레는 소도시 라 쇼드퐁을 떠난다. 역사의 교훈과 빛의 교훈을 한 몸에 떠안은 채 그는 세계의 무대로 나아갈 준비를 위해 파리로 진출한다.

Le Corbusier

2

이성의 빛

− 파리, 회화와 건축 −

파리의 지하철 자스민 역에 내려 르 코르뷔지에 재단의 화살표를 따라 5분 정도 걸으면 브랑슈 광장의 막다른 곳에 라 로슈 주택 Villa La Roche이 나온다. 파리에서 이루어지는 르 코르뷔지에 답사 여행은 언제나 이 건물에서부터 시작한다.

1923년 완성된 라 로슈 주택은 현재 르 코르뷔지에 재단의 본부로 사용되고 있다. 월요일에서 금요일까지 낮 휴식시간을 제외하고 아침 10시에서부터 저녁 5시까지 입장료 5프랑이면 누구나 들어갈 수 있다.

라 쇼드퐁이라는 작은 도시의 답답한 분위기를 견딜 수 없었던 잔느레는 1917년 서른 살에 파리로 이주하여, 자코브 가街 20번지에서 형 알베르와 함께 17년간 살았다. [잔느레는 1920년 10월 15일 『에스프리 누보 L'Esprit Nouveau』(새로운 정신)라는 이름의 잡지를 창간하면서 '르 코르뷔지에'라는 예명을 사용하기 시작했다. 르 코르뷔지에는 르 코르보(까마귀)와 큐비즘을 연상시킨다.]

그는 1918년 화가 아메데 오장팡 Amédée Ozenfant과 함께 「입체파 이후」란 제목의 선언문을 발표했다. 이 선언문을 시작으로 1922년 이후 출간한 많은 책과 '백색의 건축'으로 불리는 일련의 건축에서 확신에 찬 발걸음을 내딛는다. 그로부터 60여 년이 지난 현재, 석조로 된 낡은 시가지 속에 띄엄띄엄 남아 있는 르 코르뷔지에의 건축을 더듬어 가다 보면 저절로 근대 공간을 이해할 수 있다.

1900년대 초의 파리는 새로운 시대의 여명을 알리는 곳이었다. 르 코르뷔지에의 눈앞에 새로운 세계가 전개되기 시작했다. 공업과 기계와 과학의 시대가 열리면서, 끝을 알 수 없는 가능성과 모험이 미래를 향해 펼쳐지고 있다고 믿었던 것이다. 그는 "위대한 시대가 시작되었다."고 말했다. 자신이 살고 있는 시대의 약동하는 생명력, 공업 사회의 고동 속에서 새로운 파르테논이 빛을 발하며 나타난 셈이다. 20세기 초를 살았던 한 사람이 역사와 빛의 교훈

파리 자코브 가 20번지 건물의 지붕 밑에서

을 통해 기계 속에서 시적 감성을 발견한다. 그것은 새로운 과학 정신과 예술
활동의 근저에 흐르고 있는 것을 확인하고 추출하는 작업이었을 것이다.

순수주의

르 코르뷔지에는 파리에서 오장팡과 우정을 쌓아 가며 저녁부터 밤까지는
늘 그림을 그렸다. 그는 오장팡과 공동으로 새로운 조형 세계를 지향하며 '순
수주의'라는 이름의 예술론을 전개하였다. 순수주의 회화에 대해 르 코르뷔
지에가 언급한 글에는 그가 새로운 세계에 대해 어떻게 대응해 나갔는지가
명쾌하게 드러난다.

"순수주의는 생리적·정신적 성질이 뚜렷한 요소들을 선별한 후 조형적 단
위 요소로 변형시켜 표현한다. 이러한 요소는 제각기 고유한 감성을 지닌 여
러 물체로 이루어지며, 고유한 특수 효과를 낼 수 있는 배치로 구성된다.

왼쪽부터 오장팡, 형 알베르 잔느레, 르 코르뷔지에. 들고 있는 세르비아 단지는 『현대 장식예술』(1925년)에도 실려 있다. "산과 바다를 비추는 망막처럼 민속은 민중의 거울이다. 멋진 민속에는 대중의 멋스러움과 축적된 시간의 결정체가 있다."

…… 모든 형태·색채 요소를 기본으로 하고 이러한 요소들을 고유한 효력을 지닌 자극제로 간주함으로써, 회화를 하나의 기계처럼 창작할 수 있다. 즉 그림은 감동을 자아내기 위해 구성된 하나의 기계장치다."

순수주의는 정신적인 예술 작업을 과학 정신의 토대 위에서 다루고, 전체를 요소들의 구성으로 간주한다. 이러한 사고는 극히 실용적이고 기능을 담지 않으면 안 되는 예술, 즉 건축에까지 확대된다. 건축은 감동을 위해 구성된 하나의 장치며, 이러한 장치에서는 상대적이고 불완전한 요소는 제거되고 가능한 한 단순화된 형태가 규칙적으로 배치된다.

회화와 달리 건축이라는 장치에는 두 가지의 구성적 틀이 있다. 하나는 기능을 담는 슬래브와 그것의 하중을 지탱하며 규칙적으로 배열된 기둥으로 이루어진다. 이것이 바로 새로운 세계의 기술적인 프레임인 돔이노Dom-ino 구조다. 또 하나는 쥐라 숲의 자연과 동방 여행에서 발견한 미적인 틀, 즉 순

르 코르뷔지에가 스케치한 피에르 잔느레. 피에르 잔느레는
1922년에서 1940년까지 르 코르뷔지에와 함께 작업했고,
1951년 이후에는 찬디가르 도시계획의 주임건축가로 일했다.

수기하학의 엄격한 구성이다. 과학과 예술이 교류하는 '새로운 정신(에스프
리 누보)'의 시대를 맞이하여 회화는 건축적 구성과 동등하게 간주되고 건축
은 공업 생산품의 엄밀함과 동일시됨으로써 예술의 장르가 붕괴되고 재구성
된다.

르 코르뷔지에 개인에게도 회화는 언제나 커다란 역할을 차지했다. 일상
생활의 시간 배분에 있어서도 그랬다. 파리로 이주한 초기에는 시원치 않은
건축 일에 매달리느라 주말 외에는 그림 그릴 여유가 없었다. 하지만 세브르
가에 위치한 건축 아틀리에가 어느 정도 궤도에 오르자, 오전에는 집에서 회
화에 몰두하고 오후에는 아틀리에에 나가 동업자인 조카 피에르 잔느레와
함께 건축에 몰두했으며, 밤에는 다시 저술에 열중하는 생활을 보냈다. 아마
도 회화와 건축이라는 두 활동은 자동차의 바퀴와 같은 작용을 하지 않았을
까? 데생에 열중하다가 건축적 아이디어가 떠오르면 수첩에 기록하고, 건축

파르테논 스케치(1911년)

설계에 몰두하다가 언뜻 생각나는 구도가 있으면 이튿날 데생의 모태로 삼았다. 서로 자극을 주고받는 두 개의 작업, 아니 어쩌면 그것은 르 코르뷔지에에게 두 개의 작업이 아니었을지도 모른다. 세계의 온갖 형태 속에서 시적 감성을 찾아내려는 시인의 마음이 건축과 회화를 하나로 합쳤을 것이다. 이것은 새로운 시대의 과학 정신과 예술 활동의 밑바탕에 흐르는 것을 추출해 낸 결과며, 일찍이 종교가 수행하던 역할이었다.

"근대인은 직접 작용을 미치는 실재 이외에 다른 심오한 실재가 존재하지 않음을 알고 있다. 지극히 교묘한 과학과 공업의 결탁을 기뻐하면서도 동시에 예전에 종교가 주던 관념상의 확신이 요구되고 있다. 종교와 형이상학에 의문을 품으면서 자기 자신의 내면으로 되돌아온 것이다. 진실의 세계는 자신의 내면에 존재한다. 이러한 고뇌의 원인이 되는 공허는 그저 단순한 행동이나 육체의 쾌락에 의해 충족될 수 없다. 또한 감각 기능에 평화를 안겨 주

『에스프리 누보』 10호에 실린 그림. 세련미에 이르는 과정들에는 비슷한 관계가 존재한다. 시계 방향으로 파르테논(기원전 447~434년), 페스툼(기원전 600~550년), 콘베르의 오픈카(1907년), 들라주의 경주용차(1921년)

지 않는 순수한 사색도 충족시킬 수 없다. 예술이야말로 이 요구에 응해야 할 것이다."(오장팡·잔느레, 『근대회화』)

이것은 세계에 대한 전체적 관점이라고 할 수 있다. 즉 자연과 인간 정신의 공통 기반을 찾으려는 일과 같은 결정적인 것, 요컨대 예술에서 인간화된 자연을 추구하려는 것이다.

이성적인 감각

작년 가을, 나는 르 코르뷔지에 탄생 100주년을 기념하는 대규모 회고전을 보러 스페인 바르셀로나에 갔다. 미로 미술관을 비롯한 3개 전시장에서 건축 모형과 도면, 스케치 등을 전시하고 있었다. 람블라스Las Ramblas 거리의 고색창연한 팔라초* 전체가 사용된 한 전시장에서는 르 코르뷔지에가 젊은 시절부터 만년에 이르기까지 그린 회화가 전시되었는데, 매우 놀라운 광경이

었다. 그는 전 생애에 걸쳐 꾸준히 그림을 그려 왔으며, 그림 한 점 한 점이 매우 완성도 있고 훌륭했다. 그림들은 연대순으로 배치되었으며, 세월의 흐름에 따라 그림의 대상은 자연물－풍경－도시－실내의 인공물－사람의 얼굴－인체 순으로 변화한 것을 알 수 있었다. 그림의 대상은 변했지만 실제로는 일관된 무언가가 흐르고 있는 것처럼 느껴졌다. 그렇다고 해서 정신성의 심연을 볼 수 있었다는 것은 아니다. 그보다는 가령 물살이 빠른 개울에 다가갔을 때 수면에서 올라오는 서늘한 냉기와 같은 것이라고 표현하면 좋을까? 감각에서 묻어나는 맑디 맑은 강인함을 느꼈다. 세상의 온갖 형태를 동일하게 바라보는 감각의 강인함……. 나는 이 느낌에 맞는 하나의 단어를 찾다가 결국 '이성'이라는 말에 도달했다. 회화가 건축의 방향성을 제시해 주는 길잡

＊ palazzo. 르네상스 도시국가의 대부호들이 살았던 대규모 도시 저택을 말한다.

〈난로〉, 60cm×75cm, 유채, 1918년

이임을 전시회를 통해 확실하게 알 수 있었다.

　파리에서 그린 첫 작품 〈난로〉(1918년)를 보면, 그로부터 10년 후 사보아 주택에서 완성된 백색의 건축이 예고되고 있음을 알 수 있다. 대리석 받침대 위에 그림자를 드리운 책과 흰 입방체는 실내의 구체적인 풍경이라기보다 순수한 기하학적 구성으로 환원된 것이다. 이것은 외부 세계에서도 볼 수 있는 '이성'의 증거로서, 변함없는 조화를 한 장의 화면에 결정화結晶化시킨 것이다. 그래서 건축적 풍경으로도 자연의 풍경으로도 보인다. 1918년 이전의 회화는 확실히 야수파나 큐비즘의 영향을 받은 것으로 보이는 습작이지만, 1918년 이후부터는 그만의 일정한 방법과 거리감으로 외부 세계를 수용한다. 병과 유리잔, 책과 기타, 건축과 로세르 항구의 해변 곡선, 그리고 알프스가 모두 추상화되고 기하학적으로 처리되어 서로 중첩되는 빛과 그림자의 패턴이 된다. 이러한 그림에 〈정물-죽은 자연nature morte〉이란 이름을 붙인

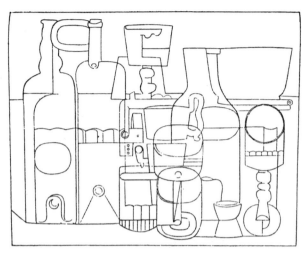

〈정물〉, 에스프리 누보관에 출품한 습작
요소는 공간 속에서 부유하며, 회화라는 하나의 기계에 투명한 자극제가 된다.

것은 시사적이다. 자연에서 우연적인 요소를 제거한 본질적인 구조의 '결정
結晶'을 식탁 위의 병과 유리잔에서도 볼 수 있다. 르 코르뷔지에는 밤중에 이
그림을 그리다가 망막박리 증상이 나타나 왼쪽 눈의 시력을 잃었다고 한다.

그렇다면 과연 '이성'이란 무엇인가? 그것은 회화와 건축의 구성이 합리
적이라거나 기하학을 수단으로서 사용한다는 등의 좁은 범위의 의미가 아니
며, 단순히 지성만의 문제도 아니다. 감정이나 감각까지 포함한, 한마디로 말
해서 좀더 큰 정신 전체를 구성하는 질서의 문제로 생각된다. 이러한 질서의
미덕이야말로, 내가 르 코르뷔지에의 구체적인 건축 작품과 도면, 그리고 회
화에서 변함없이 보아 왔던 근본적인 것이다. 이것 역시 세계에 대한 하나의
전체적인 관점이라고 할 수 있다. 기묘한 표현이지만 이성적인 감정이나 이
성적인 감각이야말로 유럽 정신에 일관되게 흐르는 가장 궁극적인 속성 중
의 하나가 아닐까.

1911년 르 코르뷔지에가 동방 여행 때 직접 찍은 피사 세례당

약 15년 전 내가 르 코르뷔지에의 건축 작품을 처음으로 직접 접했을 때의 인상을 떠올려 본다. 여행 중에 찾아가 봤는데 무언가 석연치 않은 불만에 휩싸였고, 그런 느낌은 고딕 성당을 봄으로써 더욱더 선명해졌다. 고딕 성당의 핵심이라 할 수 있는, 지성과 감정과 감각을 한 덩어리로 엮은 영혼의 깊은 힘, 마력과도 같은 것이 르 코르뷔지에의 건축에는 근본적으로 결여되어 있는 것처럼 느껴졌다. 롱샹 예배당과 라 투레트 수도원을 찾아갔을 때도 마찬가지였다. 건축과 공간을 통해 표현해 낼 수 있는 가장 본질적인 것이 영혼의 심오한 힘과 마력이라고 한다면, 르 코르뷔지에의 건축은 이러한 기본을 갖추지 못한 것처럼 보였다. 이러한 소박한 감상은 우리가 흔히 가지는 가치 체계를 보여 주고 있는지도 모른다.

그러나 르 코르뷔지에의 건축은 보면 볼수록, 마력을 몰아낸, 지성·감각·감정을 통해 구성되는 건조하지만 빛나는 건축이 보이기 시작했다. 그것

피사 스케치(1911년)

이 한 개인의 영혼을 감동시키는 수준을 뛰어넘어 세계에 대한 전체적인 관점과 연결된다는 점에서, 더 깊고 본질적인 것으로 생각하게 되었다. 여행이 끝날 무렵 이탈리아의 피사에 들렀다. 널찍한 간격으로 배치된 세 채의 사탑, 세례당, 성당 건축물들이 자아내는 실로 완벽한 균형 감각을 봤을 때 이러한 생각은 절정에 이르렀다. 이곳에 서유럽이 있고, 르 코르뷔지에가 있다는 직관이 엄습해 오면서 나는 다만 '아–' 하고 감탄을 하며 녹색의 잔디 융단 위를 돌아다니고 순백의 대리석을 쓰다듬었다. 그것은 정말 이성적인 감정, 이성적인 감각이라 할 만했다. 그제야 비로소 르 코르뷔지에가 (건축을 향하여)에서 쓴 글을 구체적으로 이해할 수 있었다.

"고딕의 대성당은 조형적인 작품이 아니다. 그것은 한 편의 드라마다. 중력과의 투쟁이라는 감각에 의지하고 있다. 이집트의 피라미드, 바빌론의 탑, 사마르칸트의 문, 파르테논, 콜로세움, 판테온, 퐁뒤가르Pont du Gard, 콘스

탄티노플의 성 소피아 사원, 이스탄불의 회교 사원, 피사의 사탑, 브루넬레스키와 미켈란젤로가 만든 둥근 돔, 파리 센 강의 퐁르와얄Pont Royal과 앵발리드 기념관Hôtel des Invalides은 모두 건축이다."

새파란 하늘 아래, 성당 정면의 새하얀 대리석 기둥들이 후면의 벽에 선명한 그림자를 드리우며 이어져 있다. 이것은 감각 그 자체일 뿐, 어떠한 정신의 영향도 받지 않고 완성된 웅대한 건축임이 틀림없다.

인간화된 자연

바르셀로나에 전시된 일련의 회화와 르 코르뷔지에 건축 사이에는 하나의 공통된 분위기가 흐르고 있었다. 그것은 12세기로 거슬러 올라가, 피사의 푸른 잔디 위에 완벽한 균형 감각으로 서 있는 건축물들에도 있었다. 그것은 인간의 어떠한 감정도 튕겨 버릴 것 같은 투명한 빛이다. 나는 이성의 빛을 느낀 것이다.

그것은 잔느레가 24세 때 편지에 적은 라틴의 빛이자, 고전의 빛일 것이다. 한 줄기 이성의 빛은 르 코르뷔지에 생애에서 회화와 건축 모두를 한꺼번에 꿰뚫고 있다. 말년의 르 코르뷔지에는 회화에 대해 다음과 같이 말했다. "만일 건축가로서의 내 업적이 그 의의를 인정받는다면, 그것은 본래 정당하게 평가받아야 할 감추어진 다른 노력에 대한 평가라고 생각한다. 결국 시작도 끝도 없는, 닭이 먼저냐 달걀이 먼저냐 하는 논쟁처럼 회화·조각·건축·도시계획은 모두 동일한 것의 겉과 속이라고 할 수 있다."

자신의 일을 단편적으로만 생각하는 현대인으로서는 갖기 어려운 시각이지만, 그것은 모두 똑같이 현대인의 생활 도구로서의 예술이자 시각적인 현상이다. 전시되어 있던 젊은 시절의 스케치북에는 자연의 식물 조직을 연구하듯이 과학적인 눈으로 도시의 가로와 광장의 패턴을 실측하고 분류한 것

파리 풍경(1918년경)

이 있었다. 인간 생활의 그릇인 도시가 어떻게 형성되었는지를, 마치 자연물의 생성을 탐구하듯 분석했다. 그것은 인간의 삶 속에서 자연의 '이성'을 발견하려는 작업이 아니었을까? 1928년부터 르 코르뷔지에의 회화에는 일상생활용품 대신 조개껍데기나 동물, 나부 등이 주로 등장한다. 회화의 소재가 인공물에서 유기물로 바뀌었지만 회화에 넘쳐흐르는 공간 감각은 소재의 변화와 관계없이 일관되어 보인다. 그것은 그만큼 더 넓고 풍요롭고 복잡해진 세계의 질서를 말해 줄 뿐, 회화 자체가 바뀐 것은 아니라는 점을 지적해 준다. 르 코르뷔지에가 인체에서 보려고 한 것은 결코 정신의 깊이가 아니다. 인체의 볼륨과 빛나는 살결이며 양감과 정확한 균형이었을 것이다. 이것을 극단적으로 말한다면, 인간의 형태는 수십만 년 동안 끊임없이 갱신을 거듭하며 순화되어 온 '이성' 그 자체의 결과이자 형태의 결정체라고 할 수 있다. 이러한 이성이 무기물인 소금 덩어리에도, 유기물인 식물 잎사귀의 잎맥에

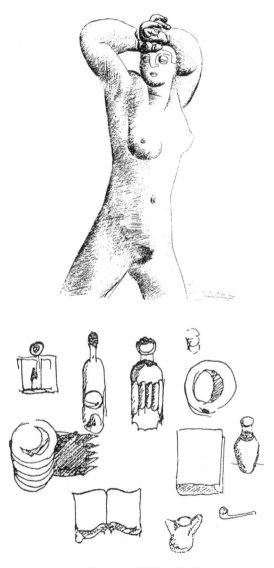

일상 생활용품과 인체(1918~1927년)

도 깊이 스며들어 있다고 인간의 감각은 믿었다. 이를 인간화된 '자연스러운 사실'로 바꾸어 말해도 무방할 것이다.

르 코르뷔지에는 기계 문명의 한복판에서 태어나 그 위험한 경계 안에 살았다. 위험한 경계 안은 다른 말로 기능적인 미美라고도 말할 수 있다. 대규모 회고전에 전시된, 회화에서부터 도시계획에 이르는 막대한 작업의 구석구석에는 '자연' 속에 피어오르는 그러한 냉기가 발견된다.

그날 오후 나는 고풍스러운 팔라초에서 전시물을 보는 내내, 20세기 초 새로운 시대의 여명기에 활동한 한 명의 인간이 발하는 이성의 광채에 압도당했다. 그리고 르 코르뷔지에의 회화에 흐르는 밝은 빛과, 그 후 더욱 진전된 공업사회가 가져온 빛이 없는 균질한 세계의 극단적인 대조에 협공을 당하듯, 석양 무렵 람블라스 거리의 혼잡 속으로 빠져나왔다.

Le Corbusier

3

건축적 산책로

− 라 로슈 주택 −

회화와 건축

브랑슈 광장의 막다른 곳에 위치한 라 로슈 주택(1923년)은 그림을 그리면서 알게 된 바젤의 은행가 라 로슈를 위해 설계되었다. 라 로슈는 피카소, 브라크 등의 큐비즘 회화 수집가로 유명한데, 보관하는 소장품이 점점 늘어나면서 집이 매우 협소해졌다. 그래서 르 코르뷔지에는 라 로슈에게는 소장품을 전시하기에 적합한 아틀리에를, 음악가인 형 알베르에게는 가족이 살기 적합한 잔느레 주택을 제안하여, 벽 하나를 사이에 두고 나란히 짓게 되었다.

라 로슈 주택은 60여 년이 지난 지금 찾아가 보아도, 여전히 신선한 빛으로 넘쳐흐른다. 그것은 정말 회화와 같은 건축이다. 입구 상부의 브리지* 때문에 층고가 낮은 공간을 지나가면 3층까지 상부가 트인 천장이 높은 홀이 나오고, 계단을 따라 발걸음을 옮기면 다양하게 채색된 면이 잇달아 시야에 들어온다. 녹색, 하늘색, 황토색, 분홍색, 검정색, 갈색, 그리고 회색이 흰색을 배경으로 서로 음악적 조화를 자아낸다. 이동하면서 연출되는 장면 전환은 마치 건축 안에서 르 코르뷔지에의 회화를 보는 것처럼 밝고 생명감이 넘친다. 1920년대의 '새로운 정신(에스프리 누보)'을 감지해 보려면, 파리 한 모퉁이에 있는 이 차디찬 흰 콘크리트 상자 안으로 발을 들여놓으면 된다. 라 로슈 주택이라는 작품 속에는 동방 여행의 기억, 고전, 기계, 회화, 도시의 제약, 정신, 그리고 새로운 공간 개념이 추상화되고 중첩되어 있다. 게다가 온전한 상태 그대로 보존되어 현재 재단의 본부로 사용되고 있다.

이 주택은 프로그램 자체에 모순과 제약이 있다. 먼저 외부에서 보면 한 덩어리의 건물로 보이지만, 옥상 정원과 2층 테라스만 일부 연결되어 있을 뿐 중앙의 벽으로 확실히 구분된 두 채의 주택이다. 도로 쪽 입면에서는 규준

---

* bridge. 두 공간을 연결하는 떠 있는 복도(통로).

라 로슈·잔느레 주택 모형

선에 의해 흰 벽과 검은 스틸로 구획되어 창문의 위치가 정해졌다. 이러한 수
학적인 방법은 펼쳐진 하나의 면에 시적인 긴장감을 연출하지만, 그 안쪽으
로는 전혀 다른 두 채의 주택이라는 복잡한 프로그램을 감추고 있다. 한 편의
라 로슈는 예술을 사랑하는 회화 수집가로서 그림을 전시할 갤러리가 필요
하고, 다른 한 편의 잔느레는 부인과 아이들과 함께 평범한 가정을 꾸리고 있
어 보통의 주택이 필요하다. 입면을 보면 2층의 연속창은 거실과 식당을, 3층
의 작은 정사각형 창은 침실을 연상시키는데, 라 로슈 주택은 실제로 그렇게
되어 있지만 잔느레 주택에서는 이 구성이 역전되어 있다. 잔느레 주택에서
오른쪽 끝의 돌출부는 이러한 모순을 해결하기 위해 반드시 필요한 부분으
로, 3층에 커다란 개구부를 만들어서 거실로 빛을 끌어들였다. 르 코르뷔지
에 주택 중에서 이례적으로 평면(특히 잔느레 주택)이 명쾌하지 않은 것은 바
로 이 복잡한 프로그램 때문인 것 같다.

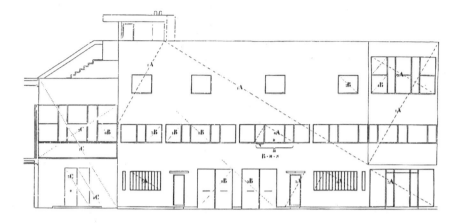

라 로슈·잔느레 주택의 입면도에 적용된 규준선. A, B, C 세 종류의 기준선. 요소를 세 종류의 닮은 직사각형으로 디자인해서 질서를 부여했다.

건축의 창조와 특성

"대지를 이용하는 데 제한이 많았다. 건축규제 구역, 오래된 수목의 보존, 높이 제한, 게다가 태양은 집의 반대쪽을 비춘다. 대지가 북향인 것이다……. 이러한 까다로운 문제들에도 불구하고 주택도 궁전이 될 수 있다는 생각에 도달했다."(르 코르뷔지에, 『작품집 1910~1929』)

  르 코르뷔지에는 라 로슈 주택에 대해 이렇게 말했다. 아마도 이 작품을 완성하기까지의 과정이 순탄치만은 않았을 것이다. 이 주택은 건축이 회화의 구성과는 다르다는 점을 처음으로 확실하게 인식시킨 시금석이었다. 그는 문제에 적확하게 대응함으로써 부지 고유의 새로운 질서를 발견하여 작품을 안정된 기반 위에 둘 수 있었다. 그것이 단순한 입방체 구성에 미묘한 차이를 가져오는 변형 요인이 되었다. 라 로슈 주택의 동쪽 경계에 있는 오래된 수목은 홀에 면하는 2층 테라스를 깎아 냈고, 독특하게 안쪽으로 깊숙이

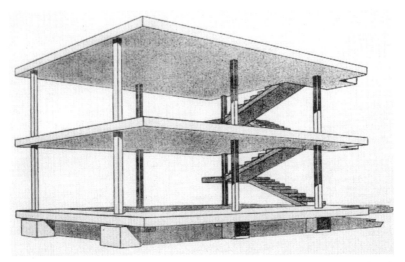

돔이노 주택의 구조체(1914년). "주택의 방 배치와 기능을 완전히 독립시키고 바닥과 계단만 있는 골조다. 이것은 표준 부재로 대량생산되어 조립된 것으로 이 구조 방법으로 주택에 많은 변화가 생겼다." -르 코르뷔지에

들어간 길의 형상과 입구 앞에 있는 큰 나무는 화랑 부분의 입방체를 상공으로 들어올려 내부를 팽창시키는 효과를 줌으로써, 기타의 몸통과 같은 형상이 되어 입구를 가리켜 주는 역할을 한다. 또 도로를 향해 팽창된 부분은 잔느레 주택의 오른쪽 돌출부(평면을 복잡하게 만든 부분)와 호응하여 앞뜰을 둘러싸서 한정해 준다. 형태는 이처럼 어려운 문제를 해결해 나가는 과정에서 신중하게 결정된다. 사실 작품 구성이란 이러한 작업이 아니겠는가.

"사람들은 기능적인 건축을 자주 거론하지만, 건축이 기능적인 것은 그 정의상 당연하다. 기능적이지 않다면 그것은 실패한 건축이다. 건축은 기능에 의해 형태의 질서를 확립하고 비례에 의해 정신적인 것을 만들어 낸다." 고 르 코르뷔지에는 말했다.

1923년 라 로슈 주택을 시작으로 1929년 사보아 주택에 이르는 일련의 주택 작품들은 백색의 건축으로 불리며, 근대 건축 구성의 기술技術적인 원칙

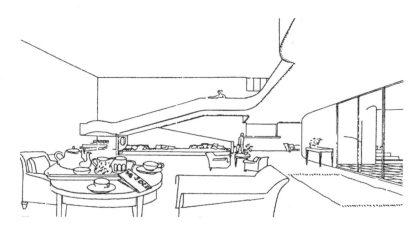

라 로슈 주택 제1안 거실 스케치(1922년)

을 제시했고 더 나아가 각각의 건축물 모두가 기하학에 바탕을 둔 탁월한 정
신적 창조물이기도 하다. 거주자의 조건이나 토지의 제약 등을 하나하나 해
결해 가는 과정을 통하여, 통시적인 건축의 역사성을 포용하고 동시대의 도
시문화의 발전 양상을 고려하였다. 이를 바탕으로 새하얀 기하학적 구성에
'새로운 정신(에스프리 누보)'을 구현하려는 방식이야말로 창조적이다. 이것
은 일상 용품의 윤곽이 중첩된 회화가 제시하는 공간, 즉 기계 문명의 풍경
배후에 있는 말로 표현할 수 없는 공간과 서로 교신하는 것이며, 이 시대를
살아가는 인간의 희망과 영광을 표명하는 것처럼 느껴진다.

　이처럼 주어진 조건을 해석하고 기존의 의미들과 관련하여 또 다른 형태
로 만들어 가는 데 건축의 재미가 있고 창조가 있다. 앞에서 말한 것처럼,
1924년 파리 시내 한 모퉁이에 세워진 라 로슈 주택을 경험함으로써 동방 여
행의 기억, 고전, 기계, 회화, 파리라는 도시, 근대 건축의 이론이 모두 중첩

라 로슈 주택 최종안 화랑의 투시도

되어 새로운 의미로 되살아난다.

상부 트임을 둘러싼 나선형의 상승 운동

현재 라 로슈 주택 쪽은 일반인에게 모두 개방되고, 잔느레 주택 쪽은 재단의
도서실 겸 연구소로 사용되어 3명의 연구원이 상주한다. 이곳은 세계의 르
코르뷔지에 연구자들의 정보센터 역할을 하기 때문에, 사람들의 발길이 끊
이지 않는다. 라 로슈·잔느레 주택의 핵심은 확실히 라 로슈 주택 쪽이며 특
히 3층까지 트인 입구 홀의 공간을 중심으로 펼쳐진다. 벽면은 아무런 생명
력도 느낄 수 없는 단조로운 입방체 공간을 구성하고 있는 것처럼 보이지만,
사실 르 코르뷔지에를 일생 동안 사로잡은 트인 상부 공간을 둘러싸며 입구
에서부터 시작하는 나선형의 상승 운동을 구축하고 있다. 입구의 브리지 밑
으로 들어가면 입구 홀로 튀어나온 발코니에 이끌려 깊숙이 들어가 있는 계

라 로슈 주택 입구 홀. 3층까지 트인 공간에 들어서면 주택의 구성이 한꺼번에 눈에 들어온다.

단에 오르게 되고, 다시 입구의 위쪽으로 되돌아와 브리지를 건너 주층에 이르는 일련의 운동이 이어진다. 주택 안의 모든 방이 입구 홀의 공간으로 들어온다. 설정된 경로에 따라 장면이 연출되고 형태가 결정된다.

"사람이 들어가면 건축적인 광경이 잇달아 눈에 들어온다. 발걸음을 옮김으로써 장면들이 매우 다양한 형태로 전개된다. 실내로 유입된 빛의 유희는 벽을 비추거나 옅은 어둠을 만들어 낸다. 정면을 향해 열린 큰 창에 이르면 외부의 모습이 그대로 보이며, 그곳에서 다시 한 번 건축적 질서를 발견한다."

르 코르뷔지에는 이를 '건축적 산책로'라고 불렀다. 트인 상부 공간을 둘러싼 건축적 산책로를 중심으로 주택 전체를 구성하는 방식은 르 코르뷔지에가 처음 시도한 것 같다. 이 아이디어는 동방 여행의 스케치북에서 처음 발견된다. 발칸 반도의 마을과 주택에서 볼 수 있는 뒤얽힌 공간의 체험이 큰 영향을 준 것 같다. 여기서 중요한 것은, 건축은 공간 예술이지만 회화나 조각과는 달리 한 번에 파악되지 않고 음악처럼 운동에 따라 잇달아 일어나는 시간 예술이라는 점을 인식하고, 시점의 이동과 함께 습득되는 현상이라는 사실에 착안했다는 점이다. 이것을 건축의 구성 방식으로 뚜렷하게 구현하는 것이, 백색의 건축 시대에 르 코르뷔지에가 지향한 창조의 핵심이다. 근대 주택의 개념으로서 트인 상부 공간 구성은 일시에 전파되었고, 현재 이처럼 껍데기만 남은 개념도 없겠지만 발상의 자체는 이러했다. 주택이 기능만 충족시켜 주는 곳이 아니라, 음악적인 조화와 정신적인 만족을 가져오는 궁전이라고 생각한 한 사람에 의해 이 개념이 탄생했다는 것을 다시 한번 상기해 볼 필요가 있다.

라 로슈·잔 느레 주택 (1923년)

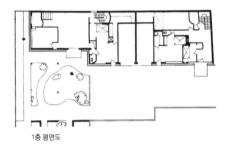

1층 평면도

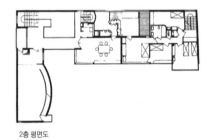

2층 평면도

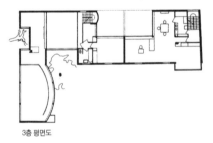

3층 평면도

Le Corbusier

4

맑고 깨끗한 시간

− 사보아 주택 −

근대 건축의 5가지 요점

1923년 라 로슈 주택에서부터 1929년 사보아 주택에 이르는 '백색의 시대' 주택에는 공통되는 몇 가지 구성상의 특징이 있다. 그것은 구조 시스템(돔이노 구조)이 가져온 건축상의 발견으로, (1) 필로티* (2) 옥상 정원 (3) 자유로운 평면 (4) 수평 창 (5) 자유로운 입면(파사드**)이 '근대 건축의 5가지 요점'으로 1926년에 공식화되었다. 이는 육중한 석조 건물이 늘어선 19세기 파리의 일반적인 주택 개념을 뒤집은 건축 구성법으로, 당시의 시대 상황에서는 도발적이었다. 철근 콘크리트에 의한 '근대 건축의 5가지 요점'은 일반화되어 세계 각지로 전파되었고 모든 종류의 건물에 적용되었다. 그리고 우리 주변을 가득 메운 상자형의 근대 건축 양식으로 정착하였다.

르 코르뷔지에는 이 5가지 요점이 얼마나 근대 생활에 합치하는 건축을 만드는지에 대해 설파하는 저술 활동을 꾸준히 했다. 낡은 시대의 고정된 생활로부터 해방된 지 60여 년이 지난 현재에는 필로티 사이를 통과하는 차, 나무가 무성한 옥상 정원 등 5가지 요점이 일상 풍경이 되었다. 하지만 르 코르뷔지에가 생각한 '새로운 정신(에스프리 누보)', 즉 기술 속에서 시적 감성을 발견하고자 했던 세계에 대한 전체적 관점은 과연 구현되었을까?

"전혀 새로운 종류의 도구를 만드는 것, 즉 수정처럼 순수하고 효율적이며 건강하고 기품 있는 맑고 깨끗한 하나의 도구를 만드는 것, 그것이 나의 과제다. 건축의 전통에 등을 돌리거나 지역적 유대를 파괴하는 것이 아니라, 과거와 현재 속에서 자국과 타국 속에서 인간다운 인간, 정신의 인간을 위한 토속적인 보금자리로서 인간의 집을 추구하자." 하고 르 코르뷔지에는 말했다.(*Decorative Art*, 1930년)

＊piloti. 개방된 대지 위에서 건물의 상부를 지지하는 일련의 기둥들.
＊＊facade. 건물의 입면 중 정면을 말하며 정면성이 표현되는 곳이다.

사보아 주택 건설 당시의 풍경

역사나 지역을 꿰뚫는 인간의 정신성은 간과된 채, 단지 그가 정초한 기술적인 수법과 이론만 일반화되고 보편화되어 감염되듯 확산된 것은 아닐까? 백색의 건축으로 가장 마지막에 만들어진 사보아 주택은 정신적 인간을 위한 보금자리이자 맑고 깨끗한 하나의 도구였다. '근대 건축의 5가지 요점'이 모두 구현된 사보아 주택의 이름은 건축의 역사 속에 오롯이 남아 모르는 사람이 없을 정도지만, 르 코르뷔지에의 '새로운 정신'은 흰 상자 속에 봉인된 채 갇혀 있다. 그러나 맑고 깨끗한 도구가 다양한 형태 요소를 만들어 내는 풍경은 여전히 시사적으로, 현대 도시 문화의 활동적인 생활 감각과 직관적으로 연관되어 있는 것 같다.

흰 상자

차는 센 강을 건너 파리 시의 중심부를 벗어나 고속도로 서쪽으로 달린다. 파

사보아 주택의 진입과 방위

리에서 30km 정도 떨어진, 넓은 블랑슈 드 카스티유Blanche de Castile 거리
의 숲이 무성해지는 부근, 푸아시Poissy의 나지막한 언덕 위에 사보아 주택
이 있다.

돌담장이 이어지는 입구 바로 옆의 관리인 집은 주인집의 귀여운 축소판
이다. 키가 큰 나무 사이를 걷노라면 시야는 단번에 확 트이고, 북쪽으로 완
만하게 경사진 짙푸른 풀밭 위에 예상외로 크고 흰 상자가 지상으로부터 들
어 올려져 있다. 왼쪽에는 학교로는 어울리지 않는 5층짜리 커튼월 건물이
가로막고 있으며, 오른쪽에는 센 계곡과 포아시 시내 경관을 조망할 수 있는
언덕이 있다. 사보아 주택의 남쪽 입면이 보인다. 경관은 북쪽을 향해 열려
있다. 아마도 집주인은 차를 타고 필로티 밑을 지나 북쪽의 정면 현관으로 갔
을 것이다. 자잘한 자갈이 깔린 포치*를 따라 주택 정면 앞의 잔디밭으로 가
서 주택을 올려다보았다. 프레임 너머 2층에도 공중에 떠 있는 공간이 보인

사보아 주택 옥상 정원 스케치

다. 필로티로 띄워진 입방체 면의 중앙에는 유리창이 줄지어 있고, 하늘을 가
로지르는 옆으로 긴 파인더**속에도 주변의 숲과 하늘이 이어진다. 꽉 차 있
지 않는 볼륨, 속이 빈 입방체와 같은 건물의 현관 홀에 이끌리듯 들어서자
그곳에는 실로 뭐라 형언할 수 없는 공간이 펼쳐진다. 오브제들이 이곳저곳
에 배치되어 다소 산만한 듯 보이지만 단조롭지 않다.

공간의 의도를 모두 읽어낼 수는 없지만 다채롭고 활력이 넘친다. 어쨌건
현관 앞에 있는 계단과 경사로 중 하나를 선택하여 들어가 보자. 발걸음을 위
쪽으로 옮기면, 50여 년 전 르 코르뷔지에가 체험하고 생각하고 마음속으로
되새겨 음미한 '건축적 산책로(프롬나드)'의 장면들이 차례차례 되살아날 것
이다.

＊porch. 건물의 입구 부분에 형성된 진입 공간.
＊＊finder. 띠창과 유사하게 가로로 길게 뚫리고 기둥으로 구획된 개구부.

사보아 주택 필로티 밑에서 본 입구 주변(건설 당시)

건축적 산책로

사보아 주택에서는 라 로슈 주택에서도 나왔던 '건축적 산책로'가 건물 전체를 조직하는 기본 개념이 된다. 시점의 높이를 연속적으로 이동시키는 경사로를 중앙에 놓음으로써, 각 층으로 분산된 장면들이 시간의 흐름에 따라 시시각각으로 열리며 건축적 경험을 안겨 준다. '공간·시간·건축'. 확실히 시간 속에서 건축의 공간을 경험할 수 있다.

사보아 주택은 파리의 로이드 해상보험회사에 근무하는 사보아 씨 부부의 주말 주택으로 계획되었다.

"이 주택은 고정관념에서 완전히 탈피한 건물이며 현대풍도 고전풍도 아니다. 오로지 건축주를 위해 매우 단순하면서도 간명하게 구축되었다. 건축주의 요구는 간단명료했다. 건축주 부부는 숲 바로 옆에 훌륭한 정원을 소유했기에, 이곳으로부터 30km 떨어진 파리에서 자동차로 왕래할 수 있는 전원

생활을 희망했다."(르 코르뷔지에, 『작품집 1929~1934』)

별장인 만큼 장기 체류를 목적으로 하지 않으며, 차로 왔다가 다시 차로 나가는 곳이라는 점을 1층의 현관 홀과 포치가 강조하고 있는 것 같다. 실제로 이곳은 비와 습기가 많아서 장기 체류를 하기에는 적합하지 않다. "그래서 이 집의 실제 정원은 지면 바로 위가 아니라 높이 3.5m 위에 두었다. 옥상 정원은 건조하여 건강에 좋은 정원이 될 것이며 주변 일대도 둘러볼 수 있다. 비는 자주 오지만, 알맞은 기후 덕분에 정원의 흙은 금방 마른다." 습기가 많은 풍토임에도 불구하고, 르 코르뷔지에가 인공적인 토지 위에 그린 이미지는 메마른 공기 속에 빛과 그림자로 아로새겨진 지중해 풍경이었다.

사보아 주택은 근대 건축의 특성을 대표하는 작품으로서 많은 사람의 입에 오르내렸지만, 이 주택의 진정한 의미는 오히려 많은 사람에 의해 지속적으로 거론됨으로써 더욱 새로운 것을 발산해 내는 근대 건축이라는 점에 있지 않을까? 즉 인간이 안고 있는 상호 모순되는 듯한 다양한 의미에 대답할 수 있는 하나의 작품인 것이다. 이 주택은 배의 이미지를 연상시키는 살기 위한 기계며, 그 내부 공간은 그리스의 새하얀 마을 풍경을 연상시킨다. 추상적인 기하학적 입체 구성으로 내부 공간과 외부 공간이 상호 관입되며, '공간·시간·건축'(S. 기디온, 『공간·시간·건축』)을 구현하여 건축에 시간 개념을 도입하였다. 한편으로는, 고전적 전통과 관련된 입면의 3부 구성은 비첸차 교외에 팔라디오Palladio가 설계한 빌라 라 로톤다(La Rotonda, 사보아 주택과 비슷한 조건의 부지에 있다.)를 연상시킨다. 새로운 문맥과 오래된 문맥 모두에서 의미를 부여받았다. 사보아 주택이 이처럼 다양한 의미를 만들어 내는 건물로 구상되었다는 것은 르 코르뷔지에의 설계 과정을 추적해 보면 더욱 명백해진다.

사보아 주택은 1928년에 설계가 시작됐으며 그로부터 2년 뒤인 1930년 2

나지막한 언덕 위에 세워진 집중식 건물의 이상형인 라 로톤다(팔라디오, 1567년 착공)

월에 오늘날의 모습에 해당하는 건물의 실시 설계가 완료되었고, 1년 동안 공사가 진행되어 1931년에 준공되었다. 이 주택은 근대 건축의 5가지 요점을 구체화하고 근대 건축을 대표하는 건물로서, 극히 이념적인 구상을 그대로 현실화시켜 놓은 건물처럼 보인다. 그러나 공사 직전의 최종 단계까지 치열하게 경합을 벌이며 검토되었던 두 개의 설계안이 남아 있어, 2년의 설계 기간 동안 건축가가 고심한 흔적과 현실과의 타협, 그리고 그 과정에서 발생한 우발적인 일들을 얘기해 준다. 인간의 지각에 호소하고 언제 보아도 새롭고 풍부한 건축을 만들기 위해, 포도주가 통 속에서 오랜 시간 발효되듯 건축가가 역사를 생각하고 미래를 꿈꾸며 건축적인 사고를 숙성시켰기에 사보아 주택은 다양한 의미를 내포할 수 있었다.

백색의 건축으로 의도된 주택의 부지는 대부분 파리 시내의 가로 구획 속에 있었기 때문에 이상적인 기하학 입체로 설계하기에는 제약이 많았다. 이

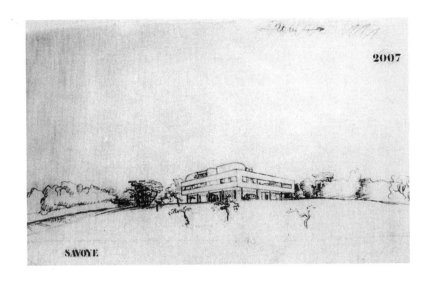

와는 달리, 사보아 주택의 부지는 사방으로 열린 곳이었기 때문에 파르테논처럼 순수하고 자연스러운 형태를 실현할 수 있는 다시없는 기회였다. 파르테논은 기하학적 규제를 받는 하얗게 빛나는 물체이면서 동시에 그 박공과 기둥 위 프리즈*는 동식물과 인체 등으로 장식되었다. 그것처럼 사보아 주택의 1층은 공장의 유리창, 2층은 배의 갑판, 3층은 순수주의 회화로 장식되어 있다.

사보아 주택은 4행 4열의 정사각형 그리드로 이루어진 2층의 돔이노 구조다. 기둥이 가로 세로에 4개씩 4.75m 간격으로 균등하게 배열되었고 건물 전체의 윤곽은 앞뒤가 1.25m 더 긴 21.5m×19m로 되어 있다. 입면에서 암시되는 전체의 단일한 시스템은 내부 공간에서 크게 변형된다. 원래 규칙적이어

---

* frieze. 고전 건축의 오더에서 엔타블러처를 구성하는 세 요소 중 코니스 아래에 있는 수평 부분이며, 얕은 부조로 장식되기도 한다.

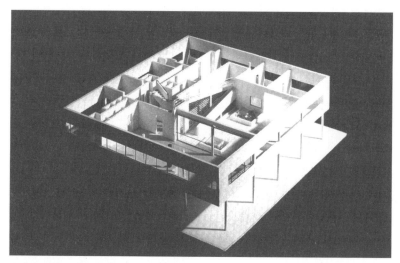

정사각형 평면에 위치한 경사로

야 할 기둥의 배열조차도 경사로 주변과 주차장 부분에서는 흐트러졌다. 사보아 주택은 규칙적인 질서regular system와 상자의 중앙에 침투한 '건축적 산책로'의 질서를 중첩시켜야 비로소 이해할 수 있다. 정면 부분에는 기둥 한 개가 현관 양 옆에서 두 개의 기둥으로 치환되어 정면성을 연출하고 경사로의 중심축을 형성한다. 기둥은 둥근 기둥과 각 진 기둥으로 구분하여 단독으로 지각되는 곳에는 둥근 기둥, 벽에 흡수되는 곳에는 각 진 기둥이 사용되었다. 기둥이 장면을 연출하는 요소로서 선택적으로 지각되도록 그때그때 상황에 맞게 배열되었다.

건축 _ 감동이 있는 장치 구성

건축은 원래 서로 다른 두 가지 질서system로 만들어진다. 하나는 역학적 합리성을 전제로 하는 구축 과정의 이성적 통일이고, 또 하나는 경사로를 중심

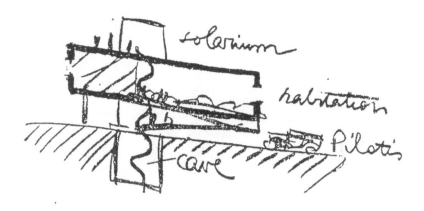

사보아 주택 스케치(르 코르뷔지에)

으로 각 볼륨을 만들고 장면을 구성하는 시각적인 통일이다.

이 두 개의 질서가 서로 중첩되고 조화를 이루어 하나의 작품을 구성한다. 즉 기둥의 규칙성과 벽의 불규칙성이 서로 대립하고, 표면에서 보이는 전체의 단일한 질서와 내부의 부분 질서가 충돌한다. 근대 건축의 5가지 요점에 의해 형성된 외부의 균일한 피막은 내부에서 생긴 일들을 은폐하는 가면과도 같다. 지금도 정연한 틀 속에 담긴 내부를 더듬어 가다 보면, 르 코르뷔지에가 했던 일련의 사고들을 읽어 낼 수 있다. 직사각형의 방은 용해되어 외부의 틀과 대화하고, 필로티나 옥상 정원 등의 중간 영역이 있다. 포치, 일광욕실, 곡선 벽의 리듬, 침실의 형식, 동굴과 빛, 기둥과 벽의 유희 등 다양한 종류의 모티프가 기록되어 있다. 주택의 형태 구석구석에는 동방 여행의 기억, 순수 기하학에 대한 찬가, 파리라는 도시의 '새로운 정신', 회화를 꾸미는 형태·색채 등이 모두 혼연일체되어 라 로슈 주택보다 더 대담하게 채워져 있

폐허가 된 사보아 주택

다. 백색의 건축 시대에 속하는 가장 마지막 작품인 사보아 주택을 불후의 명
작으로 만든 것은 이러한 개인적 사고 영역을 근대 건축의 구성법과 기하학
으로 표현할 수 있는 경지로까지 높였다는 데 있다. 르 코르뷔지에는 1922년
에서 1929년까지 일련의 작업을 통하여 돔이노 구조 위에서 표현 수법을 탐
구하고 세련된 작업을 거친 뒤 하나의 문체를 완성했다.

　백색의 건축 시대를 대표하는 시각·조형 언어는 사보아 주택 안에 집약
되어 있다. 그래서 오늘날 이 건물은 기능주의 건축의 대표 작품이기보다는
근대 건축의 양식적 언어를 제시했다는 측면에서 다뤄진다. 근대 건축은 인
간과 관련된 요소들로 가득 차 있다. 백색의 근대 건축에는 공간을 조작하기
위해 필요한 온갖 요소―구체적인 형태 장치―들이 화려하게 제시되어 있다.
그것은 근대 건축 전체에 영향을 미쳤고 오늘날까지 그 영향력은 퇴색하지
않고 있다. 근대의 정통적인 기능주의가 사용의 문제를 다루고, 요소들의 관

계가 인간에게 미치는 심리적 효과를 추상적으로 분석·정식화한 것과는 달리, 르 코르뷔지에는 요소가 되는 구체적인 형태 언어나 용법을 제시하는 데 중점을 두었으며 요소의 관계에 대해서는 명료하게 다루지 않았다. 이러한 사실은 그가 개별적인 상황과 조건 속에서 전력을 다해 요소의 관계를 해결해 나갔다는 것을 얘기해 준다. 건축 창조의 핵심은 확실히 이 점에 있는 것이 아닐까. 르 코르뷔지에는 전체를 요소의 구성으로 생각한 점에서만 기능주의자였을지도 모른다. 회화를 하나의 기계로 창작하듯이 건축도 감동이 있는 하나의 장치로 구성할 수 있다. 그러나 그것은 설계자의 인내 어린 오랜 탐구의 결과였으며, 아이디어를 발전시켜 감동이 있는 장치로 만들기까지는 긴 시간이 필요했다.

1940년 6월 파리가 독일 나치에 함락되자, 사보아 주택은 텅 비었고 전쟁 중에는 사료 창고로 사용되었다고 한다. 1965년에 시 당국은 황폐하게 방치된 이 건물을 철거하고 그 자리에 학교를 세우려고 했다. 명맥이 끊어질 뻔했던 '맑고 깨끗한 시간'은 당시 문화부 장관인 앙드레 말로와 건축가들의 운동에 의해 사람이 살지는 않지만 손길이 고루 미치는 문화재로 남게 되었다. 그리고 사보아 부부는 그곳에 오래 살지 않고도, 건축사 속에 영원히 이름을 남겼다.

사보아 주택 (1929년)

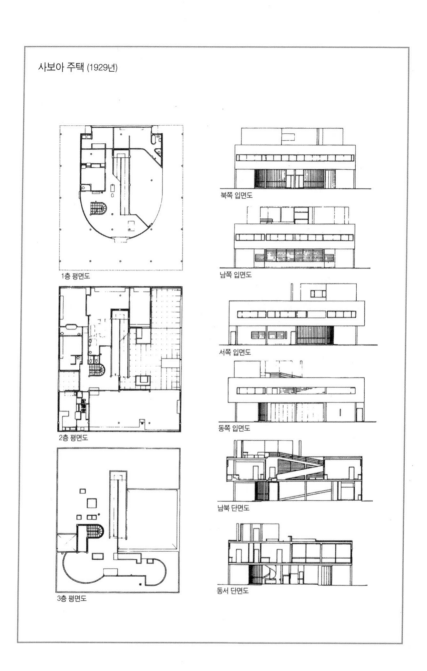

1층 평면도

2층 평면도

3층 평면도

북쪽 입면도

남쪽 입면도

서쪽 입면도

동쪽 입면도

남북 단면도

동서 단면도

Le Corbusier

5

풍경의 음향학

— 롱샹 성당 —

자연의 안정된 질서를 꿈꾸며

석회로 하얗게 마감된 성당 주변을 한바퀴 돌아 북쪽의 철문으로 들어서면 내부는 일순간 캄캄하고 텅 빈 어둠으로 가득 찬다. 돌로 된 바닥은 싸늘하다. 어둠에 조금 익숙해지면 밖에서 본 것보다 의외로 큰 내부의 윤곽이 서서히 드러난다. 커다란 조개껍데기 같은 내부의 어둠은 차츰 무수히 많은 작은 빛으로 충만해진다. 무수히 많은 형태 유희와 다양한 색유리에 투과되는 색채, 그리고 글씨가 쓰인 작은 창을 통해 하늘에 떠 있는 구름과 나무들이 바람에 흔들리는 소리가 느껴진다. 그것은 마치 우주의 작은 속삭임이 한 곳에 집중되어 내부로 흘러 들어와 건축을 가득 채우고 있는 것 같다.

롱샹 성당(Notre-Dame-du-Haut at Ronchamp, 1955년)의 내부를 가득 채우는 평화롭고 밝고 작은 이 어둠은 거친 현실 속에서 르 코르뷔지에의 건축이 둘러싸고 있는 공간의 근원이 아닐까? 닫힌 내부는 결국 외부의 모든 존재를 향해 무한히 열려 있다. 외부 세계는 아직도 자연의 안정된 질서를 꿈꾸며 태양, 바다, 별, 나무의 잎과 꽃잎, 그리고 무수한 사람과 동물, 새들이 모두 하나가 되어 어울리는 우주를 꿈꾼다. 건축은 이러한 우주를 체험해 보는 장이며, 열려진 자연의 고요함을 담아 내는 인공적인 그릇일 뿐이다.

롱샹 성당은 젊은 잔느레가 스승 레플라트니에와 했던 '자연을 기리는 기념비를 만드는 데 인생을 바친다'는 맹세가 구체화되어, '토지에 목축의 신 파우누스와 꽃의 여신 플로라가 찾아오는' 장소를 구축하는 일로 회귀한 건물이다. 오늘날의 우리는 자연의 질서를 이토록 신뢰하는 그들을 이해하기 어렵지만, 어둡고 텅 빈 공간에 가득 찬 따뜻하고 온화한 느낌은 이러한 신뢰와 무관하지 않다.

이것은 가장 냉정하고 구성적인 작업으로 평가받는 백색의 주택 내부에서조차 발견되는 감각이다. 르 코르뷔지에의 건축은 1931년에 완공된 사보

순례일의 롱샹 성당

아 주택을 마지막으로 '백색의 추상적인 기계'라는 이미지에서 벗어난다. 외부에는 자연적 소재감이 많이 도입되고 내부 공간에도 트인 상부 공간을 둘러싼 '건축적 산책로' 대신에 더 안정된 장소가 추구되었다. 주택에 국한해서 보면 도시 생활자의 지상 낙원이던 옥상 정원이 포기되고, 건물은 대지와 견고하고 단단하게 결속된다.

근대 건축, 그 구상의 실현
르 코르뷔지에는 1930년에 정식으로 프랑스 국적을 취득했고, 이본 갈리와 결혼한 무렵부터는 주택보다는 공공 건축의 설계 의뢰가 잇달아 들어왔다. 그는 이제 세계에서 가장 영향력 있는 건축가로서 세계의 건축 무대에 우뚝 선 것이다. 그를 동경하는 세계의 젊은 건축가들이 파리 세브르 가 35번지의 아틀리에로 모여 들었다. 일본에서도 일본 근대 건축의 태동을 준비한 건축

풍경 속의 성당. 바로 앞의 롱상 마을. 최초의 스케치(1950년 5월 20일)

가 마에가와 쿠니오前川國男가 1928년 봄 졸업과 동시에 시베리아 철도로 17
일 만에 파리에 도착하여 이튿날 아틀리에에 들어왔다. 잇달아 일본 근대 건
축에 없어서는 안 될 사카쿠라 준조坂倉準三, 요시자카 다카마사吉阪隆正 등
의 건축가도 이곳에 찾아왔다.

르 코르뷔지에의 1920년대 이론은 세계로 널리 확산되었다. 1926년 제네
바 국제연맹의 설계경기에서 그의 안이 1등으로 당선되었지만 실시는 다른
안이 채택되어 국제적인 스캔들을 불러일으켰다. 계속해서 1928년 모스크바
센트로소유즈 소비조합본부의 설계경기에서 1등으로 당선되고 파리에서는
구세군 회관(1930년), 대학도시의 스위스 학생회관(1932년)을 설계했다. 또
세계 각국의 정부로부터 도시계획을 의뢰받고, 여러 나라의 조직·단체로부
터 초청을 받아 강연 여행을 떠났다. 제2차 세계대전 중에는 부인과 함께 파
리를 떠나 프랑스 비점령지대로 이주하여 자연 속에서 기하학을, 기하학 속

풍경 속의 성당. 소성당의 탑이 이미 그려져 있다.

에서 자연을 발견할 수 있는 척도를 탐구하며 이론적인 연구와 회화에 열중했다. 이것은 후에 저서 『모듈러1』(1950년)에서 결실을 맺는다.

르 코르뷔지에는 1945년 쉰여덟 살에 "기나긴 근대 건축의 혁명은 완성되었다."고 말했다. 그가 만든 이론과 시각·조형 언어가 순식간에 세계로 확산되고 변질되려던 바로 그 시점에, 그는 자신의 중심 세계로 되돌아간다. 그 이유는 1920년대 근대 건축 이론이 보급되고 일반화되자, 성립 당시에는 넘쳤던 생명력이 차츰 빛을 잃어 단조롭고 평범해 보였기 때문이 아니었을까?

근대 건축이 모순을 드러내기 시작한데다가 대량 생산 체계를 갖추게 되자, 그것을 잉태한 당사자이자 양식 언어의 제시자로서의 책임이 거론되었다. 이러한 질책에 대응하며 르 코르뷔지에는 이렇게 대답한다. "내가 아이를 낳은 것은 맞다. 하지만 아이는 혼자서 커 버렸다."(비디오 〈르 코르뷔지에 전집〉)

소비에트 궁전(1931년 모스크바 프로젝트)

롱샹 성당은 이러한 시기에 설계되었다. 르 코르뷔지에는 다시 한번 건축 속에서 자연의 질서를 되찾으려고 했다.

그는 롱샹 성당에 대한 책을 직접 썼는데, 『롱샹—인내심 강한 탐구의 수첩』이라는 책 제목이 주목을 끈다. 이 책에서 그는 건축에 관한 일반 이론이 아닌 건축의 구체적인 생성 과정을 제시함으로써, 인간이 쏟지 않으면 안 될 애정과 사고를 강조한다. 건축은 인간의 작품이며, 그것이 인간의 척도로 되돌려지기 위해서는 무엇보다도 지속적인 사고와 섬세한 감수성, 피나는 노력이 필요하다는 것을 말하고 싶은 것이다. 이는 1920년대 자신이 적극적으로 가담하여 작성한 표어와 선전 문구가 유포된 후, 그것이 얼마나 경박하고 부질없는 것에 연루되는지, 또한 일반화된 길잡이가 된 후 얼마나 안이하게 사용되는지를 목격했기 때문이다.

두꺼운 벽이 산란광을 실내로 들여온다.

풍경의 음향학

롱샹 성당은 벨포르에서 북서쪽으로 약 30km 떨어진 롱샹 마을 언덕 위에 세워진, 순례자를 위한 작은 교회다. 언덕은 독일과 프랑스의 국경을 따라 보주 산맥의 지맥 끝에 자리 잡고 있다. 이곳의 지형은 완만하게 흐르는 강을 끼고 있으며 기복이 반복되고 초록의 들판이 파도처럼 굽이치며 펼쳐진다. 몇 겹으로 이어지는 가파르지 않은 경사지에는 드문드문 농가가 있고 밭과 목장이 있으며 울창한 숲이 이어진다.

벨포르에서 19번 도로로 달려 롱샹 마을에 도착했다. 비 개인 회색빛 도로, 녹색 풀, 황토색 땅, 짙은 녹색의 숲, 그리고 회백색의 솜털 같은 구름이 이어지는 풍경은 마치 가로로 기다란 색띠의 흐름을 보는 것 같다. 롱샹은 산기슭에 식당 하나 있는 정도의 작은 마을이다. 길을 따라가다 보면 굽어진 곳에서 이따금 언덕 위로 시야가 트여 꼭대기에 웅크리고 있는 성당의 엄지손

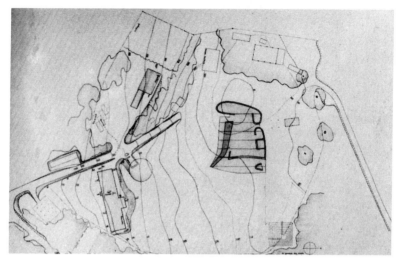

롱샹 성당 배치도

가락 같은 흰 탑이 보인다.

롱샹 언덕은 옛날에는 '고귀한 땅'으로 불렸으며 고대 신전이 있었던 자리다. 12세기 이후에는 그리스도교 순례의 땅임을 기념하는 성당이 세워졌다. 국경을 끼고 있는 높은 지대였기 때문에, 전략적 요충지인 이 땅을 두고 전쟁이 벌어지기도 했다. 잇달아 일어나는 전쟁으로 인해 파괴와 복구의 과정이 되풀이되었으며, 제2차 세계대전 중에 네오고딕풍의 성당이 완전히 파괴되었다. 따라서 성당 재건이 계획되었고 르 코르뷔지에에게 설계가 맡겨졌다.

"롱샹에서는 미사를 드리는 것 외에는 아무런 조건이 없었다. 완벽하게 자유로운 공간이라고 해도 좋은 건축이다."(르 코르뷔지에, 『롱샹―인내심 강한 탐구의 수첩』) 성모마리아에게 예배를 올릴 수 있고 1년에 두 번 1만 2천여 명의 순례자가 이 언덕 위의 평지에서 기도를 드릴 수 있는 성당을 짓는 일이었다.

르 코르뷔지에는 그리스 신전처럼 푸른 하늘 아래 펼쳐진 평지에서 제식을 올릴 수 있는 옥외 예배 장소를 구상하는 한편, '깊은 동굴' 속처럼 침묵과 기도의 장을 준비했다. 부지의 역사를 이해하고 오랫동안 형태를 탐구한 끝에, 서유럽의 건축적 전통을 계승하면서 동시에 새로운 성당을 이 땅에 다시 심어 놓은 것이다.

울창한 숲을 빠져나와 산길을 오르면 잔디가 완만하게 펼쳐진 곳에 순례자를 위한 숙박 시설이 세워져 있다. 노출 콘크리트로 된 지붕에도 잔디를 심었다. 조금 더 가면 이 집 너머로, 지붕과 새하얀 벽이 하늘을 향해 하나의 점에서 묶인 모습이 푸른 하늘을 배경으로 나타난다. 왼쪽에는 석회로 마감된 거대한 흰 탑이 있다. 언덕 꼭대기 잔디 위에는 남쪽으로 크고 새하얀 벽이 사람을 받아들이듯 구부러져 비스듬히 세워져 있다. 언덕 위에서 활기차고 경쾌하게 서 있는 이 건물의 비스듬한 진입 방식은 파르테논 신전과 같다. 그 커다란 흰 조개껍데기 같은 형태의 이면에는 사람을 감싸 주는 내부 공간이 기다리고 있다.

계시와 탐구

르 코르뷔지에는 1950년 5월 20일 처음 롱샹 언덕에 올라왔다. 멀리 보이는 지평선에 감응하며, 전면에 펼쳐진 평야와 알자스 언덕, 골짜기 등의 주변 조망에 귀를 기울인다. "언덕 위에서, 나는 주의 깊게 네 개의 한계선을 그렸다. …… 그것은 토지라는 형식으로 울려 퍼지는 소리에 건축적으로 반응한 것이었다. 풍경에 메아리치는 모습은 메아리 소리처럼 완벽하고 미묘해서 유연한 정확성을 드러내야 한다. 이렇게 조형을 탐구하는 방식을 르 코르뷔지에는 후에 '형태 분야에서의 음향학'이라고 서술했다.

초기 스케치를 보면, 두 개의 곡선이 동쪽과 남쪽의 풍경을 향해 열려 있

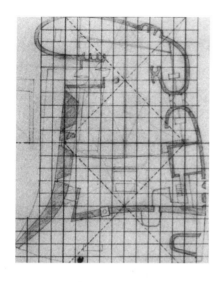

정사각형 그리드 위에서 전체 골조를 탐구했다. 직사각형은 점선에 의해 두 개의 정사각형을 만들고 중심축을 그어 비대칭의 균형을 확인할 수 있다.

고 두 개의 직선이 북쪽과 서쪽의 형태를 결정해 준다. 1950년 5월과 6월의 스케치에서 설계의 근본적인 특징이 단숨에 그려졌다. 최초의 스케치는 풍경 속에 있는 성당을 멀리서 그린 것이다. 이런 스케치의 묘법은 스물네 살 때 동방 여행에서 그린 아크로폴리스 스케치의 그것과 아주 비슷하다.(16쪽 스케치 참조) 그 당시에 받았던 감명이 다시 살아난 걸까? 그는 롱샹 언덕의 풍경 속에 '마치 자연스럽게 하늘과 땅에 연결된 것처럼 보이는' 자연스러운 사실을 만들고자 했다. 1950년 6월 6일, 메조니에를 팀장으로 하는 설계팀을 투입하여 스케치를 시작했다. 설계는 3년 만에 완성되었는데, 설계 기간 동안 모호함이나 모순점을 포함한 수많은 시도가 꾸준히 전개되었다. 설계하면서 겪은 모든 경험을 자신의 역사로 삼으면서 왕성한 스케치를 통해 앞으로 펼쳐질 현실을 개척해 나갔다.

게 껍질과 비행기 날개

롱샹 성당의 지붕 구조는 르 코르뷔지에가 1946년 뉴욕 부근 롱아일랜드 해안에서 발견한 게 껍질에서 나온 아이디어라고 한다. 1925년 무렵부터 그의 그림에 돌멩이나 조개껍질, 나무 뿌리, 동물의 뼈 등이 나타나기 시작했다. 순수주의 시대의 파이프나 병, 컵과 같은 '죽은 자연nature morte' 속으로 자연물이 들어옴으로써, 더 넓은 범위의 질서 감각을 그려 낼 수 있게 되었다. 실제로 르 코르뷔지에의 아파트에는 해변으로 떠내려 온 나무 조각, 작은 돌, 조개껍질, 도살장에서 가지고 온 뼈 등이 '시적 감성을 불러일으키는 소재'로서 산처럼 쌓여 있었다고 한다. 그것은 세상에 있는 모든 형태 속에서 '이성'의 증거를 확인하고 시詩를 발견하고자 하는 마음에서 나온 변화다. 이러한 사고가 축적되어 건축의 구성 속에 본격적으로 나타난 건물이 바로 롱샹 성당이다. 그러나 그것을 건축 작품으로 완성하기까지에는 오랜 설계 과정이 필요했다.

한편, 그는 게 껍질 모양의 지붕을 만들기 위해 기하학적 규제를 수용하여 비행기 날개 구조를 연상시키는 기계 형태를 연구했다. 자연물과 기계의 공통된 기반을 탐구한 것이다. 또 지붕에서는 한 곳에 빗물을 모으지 않으면 안 되었다. 실제로 언덕 위에 물이 없었기에 화재에 제대로 대처하지 못해 옛 교회가 불타 버린 역사가 있었기 때문이다. 그래서 지붕의 물을 저수지로 모으는 기능이 추가되었다.

르 코르뷔지에는 물을 흘려보내는 기능에서 유추하여 지붕 물매의 굽은 부분에 댐의 특수한 형태를 이미지화하고, 예전에 본 댐이나 1948년에 설계한 댐의 단면을 참고했다. 그래서 지붕은 '스키 점프대'와 같은 경사를 지니게 되었다. 게 껍질이라는 하나의 이미지는 건축물이 지닌 과제에 따라 수정을 거듭하여 다른 것으로 변형되어 갔다. 이러한 과정이야말로 회화와 다른

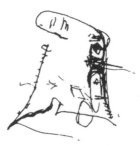

전체 이미지 스케치. 1950년 6월 9일 르 코르뷔지에가 그린 평면과 입면의 스케치. 지붕의 볼륨, 동쪽 외부 성가대의 차양, 두꺼운 벽 등 설계 초기 단계의 거의 모든 요소를 볼 수 있다.

점이며 발견과 창조가 있는 지점이기도 하다. 건축을 구성하는 모든 부분에서 역학적 조건을 수용하고(지붕을 비행기 날개 조직과 비슷하게 하여 지붕과 벽과의 사이에 합리적인 구조선을 탐구한 작업) 기술적인 조건을 받아들이는(지붕의 조형과 낙수 물매의 방향) 것은 물론이거니와 사용상의 조건도 받아들여서 다른 부분과 서로 호응해 가며 형태의 조직을 만들었다. 따라서 설계는 '강한 인내심이 필요한 탐구'의 기나긴 과정이라고 할 수 있다. 르 코르뷔지에는 롱샹 성당을 설계하면서 참조한 것들을 주석을 붙여 언급했는데, 그 중 하나를 보자.

동방 여행의 기억은 롱샹 성당의 소성당 탑의 형태와 채광법에서도 되살아났다. "빛! 1911년 나는 티볼리에서 고대 로마의 동굴과 같은 무언가에 매료되었다. 이곳 롱샹에서는 동굴이 아니라 융기된 언덕이 그러했다." 옆에는 하드리아누스 황제 빌라의 스케치를 첨부했다. 스케치는 동굴 끝부분의 조

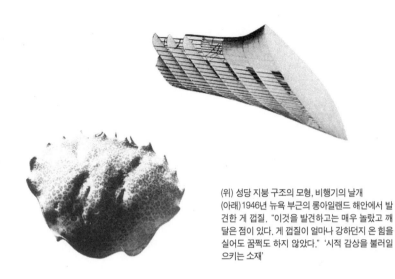

(위) 성당 지붕 구조의 모형, 비행기의 날개
(아래)1946년 뉴욕 부근의 롱아일랜드 해안에서 발견한 게 껍질. "이것을 발견하고는 매우 놀랐고 깨달은 점이 있다. 게 껍질이 얼마나 강하던지 온 힘을 실어도 꿈쩍도 하지 않았다." '시적 감상을 불러일으키는 소재'

명 효과를 연상시키는데, 이것이 롱샹에서는 채색된 밝은 동굴로 바뀌었다. 또 옛 성당의 잔해인 돌들을 벽을 쌓는 데 이용하고, 옛날부터 있었던 마리아 상을 외부 성당의 중심부에 설치한 것도 흥미롭다. 끊임없이 과거로부터 실마리를 찾고 과거와 대화하려 하는 것도 백색의 건축 시대에서는 찾아볼 수 없던 자세다.

한 개인의 고유한 작품은 이처럼 오래 전 기억과 결합함으로써, 하나의 작품이라는 위상에서 탈피하여 시간을 초월한 광범위한 건축의 역사와 조우하게 된다. 오랜 탐구 끝에 단련되어 완성한 작품은 단순한 조각 작품을 초월하여 인간 역사의 심층에 아로새겨지고, 역사로부터 자양분을 받아 다시 그 다음에 이어지는 작품에 자양분을 공급해 주는 역할을 담당한다. 이는 르 코르뷔지에 스스로가 '신비로운 인간의 지혜가 솟아나는 또 하나의 분화구'를 창출해 낸 것이 아니겠는가.

성당 외부 스케치

르 코르뷔지에는 당시 마르세유의 유니테다비타시옹(Unités d'habitation, 1952년)과 함께 이 작은 성당에 심혈을 기울였다. 1953년 봄에 착공하고 1955년 6월 25일에 헌당식을 치렀다. 롱샹 언덕 위에서 '풍경의 음향학'이라는 효과에 젖어 들면서 잉태해 낸 이미지가 현실화되기까지는 거의 5년의 세월이 걸린 셈이다.

플루타르크Plutarch는 파르테논이 지어진 지 500여 년이 지났을 때 페리클레스Perikles 편에 이렇게 썼다. "미적인 측면에서 파르테논은 처음 만들어졌을 때부터 이미 고풍스러웠지만, 섬세한 솜씨의 생생함이 오늘날까지 전해져 마치 갓 만들어진 듯한 느낌을 준다. 새로움이 밝게 빛나고 시간의 흐름에 오염되지 않는 듯한 작품에는 언제나 향기가 나며 늙지 않는 영혼이 스며들어 있는 것처럼 보인다."(플루타르크, 『플루타르크 영웅전』) 더군다나 1,800여 년이나 경과된 오늘날에는 건물의 많은 부분이 훼손되었지만, 그 정

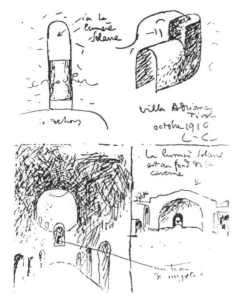

하드리아누스 황제 빌라의 스케치(1911년).
소성당의 빛 굴뚝

신은 지금도 변함없이 호소력을 지녔다.

30년 이상 지난 오늘날에도 롱샹 성당에 대한 인기와 화제는 끊이지 않는다. '섬세한 솜씨의 생생함이 오늘날까지 전해져 마치 갓 만들어진 듯한 느낌을 준다.' 그것은 움직이고 휘는 힘을 숨긴 형태, 물질 속에 갇히면서도 생동하는 듯이 느끼는 것, 즉 '자연스러운 사실'이 만들어졌기 때문이다.

롱샹 성당 (1955년)

평면도

북쪽 입면도

액소노메트릭
(축측 투상도)

Le Corbusier

6

기하학적 풍경

– 라 투레트 수도원 –

기하학의 정신

르 코르뷔지에 건축의 질서를 이루는 근본적 개념은 기하학이다. 건축을 '감동이 있는 장치'라고 생각했던 시기에도, 장치의 부품은 입방체이자 원통이며 각뿔과 같은 초등기하학 형태였다. 물론 현실에서는 더 다양한 형태가 만들어질 것이다. 그렇다고 해서 초등기하학 형태 자체에 어떤 고유한 의미가 있다고 생각한 것은 아니었다. 만약 의미가 있다면, 초등기하학이 모든 형태 중에서 가장 확연히 구별되는 요소라는 점일 것이다. 명료하게 식별할 수 있는 요소로서 쉽게 이해되며 유통되기 쉬운 보편성을 지녔다는 것이 관심의 대상이다. 다시 말해, 모든 형태의 기준인 기하학을 건축의 언어로 택했다는 데에 의미가 있다. 형태의 기준으로 회귀함으로써 기하학이 지닌 본래의 질서를 환기시켜 준다. 원초적 형태를 의도적으로 제시하는 것은 단순한 공리와 기술의 도구로 전락해 버린 기하학의 정신을 부활시키고 사람들의 시각을 바꾸려는 취지였다. 마음을 사로잡는 건축은 인간성의 원류에 있고 인간의 본능과 직접 연계되며, 그것이 곧 기하학의 정신이라는 것을, 르 코르뷔지에는 원시적인 사원의 예를 들며 『건축을 향하여』에서 말하고 있다.

"울타리와 오두막의 형태 및 성단聖壇과 그 부속물들의 위치를 정하면서 본능적으로 직각과 축선, 정사각형과 원형에 의지하였다. 우리 스스로 만들어 냈다는 느낌을 다른 형태로는 줄 수 없기 때문이다. 축·원·정사각형 등은 기하학의 진수며 우리의 눈이 측정하고 인지할 수 있는 결과를 가져온다. 그렇지 않다면 그것은 우연적이고 불규칙적이고 임의적이었을 것이다. 기하학은 인간의 언어다."

르 코르뷔지에는 한 편에서는 초등기하학을 형태의 기준으로 삼고, 다른 한 편에서는 매우 구체적인 기능적 요소들을 설정하여, 이 두 가지를 결합시키는 형태적 장치를 고안하였다. 기능적 요소는 고정관념에서 완전히 벗어

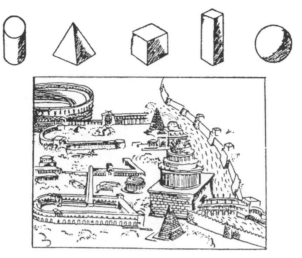

로마의 교훈(『건축을 향하여』, 1923년). 초등기하학적 형태의 연출

나 각각의 실제 움직임에 의해 만들어진다. 이것은 현실의 요소들을 추상하는 것과는 반대로, 화면 속에서 원통을 통해 병을 만들려고 했던 입체파의 사고를 연상시킨다. 초등기하학을 조합하여 형태를 구축한 다음, 계단이나 경사로 같은 구체적인 장치로 접근하여 기능을 음미하려는 태도다. 이것은 정통 기능주의자의 방식과는 확연히 구분된다.

전체 건축을 구성하는 부분적인 장치들은 확실히 일부분만 담당하지만, 자율적인 초등기하학은 언어로서의 위상을 갖추었다. 이 언어는 대량생산되는 단순한 기하학 형태의 일상 도구들과 서로 호응하면서 근대라는 시대의 상징적인 풍경을 만들어 냈다.

상자 내부의 운동

자율적인 부분들은 기능적 요소로서의 역할을 초월하여 일종의 기호로서 상

라 투레트 수도원(1959년)

징적인 역할을 담당한다. 그것은 '감동이 있는 하나의 장치'를 이루는 부품이다. 개성화되고 분리된 부품은 대비를 통하여 사람을 매료시키고 움직이도록 유도함으로써 어느 한 곳에 머무르게 하지 않는다. 건축이라는 인공적인 용기用器 내부를 각각의 공간으로 차별화함으로써 그곳을 돌아다니는 인간에게 지속적인 감응을 던져 줄 수 있다.

"먼저 사람이 들어갑니다. 그러면 하나의 충격, 즉 첫 번째 인상을 받습니다. 그 방에 이은 다음 방의 크기, 다시 이어지는 다음 방의 형태가 인상을 남깁니다. 거기에 건축이 존재합니다."(르 코르뷔지에, 『프레시지옹』)

르 코르뷔지에는 '건축적 산책로'라고 칭한―용기 내부에서 일어날 인간의 운동을 상정하고 그 효과를 계산하는―수법을 사용하였다. 건축이라는 용기의 중심에 효과를 지속적으로 만들어 낼 기계 장치를 내장시켜, 그곳에 완결된 질서의 확립을 꿈꾸었다. 자율적으로 분산된 각각의 형태 장치들은 중심을

하늘에서 내려다본 라 투레트 수도원

향하여 집약되고 연속적으로 구성되어 간다.

국제주의 양식으로 불리는 근대 건축과 도시계획 이론이 유형을 제안하고 도시계획을 양산하여 확산·확장되는 세계를 지향해 간 반면, 르 코르뷔지에의 작품은 더욱더 내부의 중심적인 세계를 만들어 갔다. 그의 후기 작품에 이르면 이러한 경향은 더욱 강화되어 거의 고립되다시피하며, 도시계획조차 중심으로 향하는 구축적인 이미지를 형성한다. 이러한 양상은 동방 여행 중에 지중해 마을의 건축에서 발견한 자연과의 조화로운 공존을 그대로 받아들인 결과이자 쥐라 숲 깊숙한 곳에 있는 자연의 질서로 되돌아간 것이 아닐까?

기도와 묵상의 집

라 투레트 수도원은 리옹 시로부터 26km 떨어진, 에뵈쉬르라브레슬Eveux-

경사면 상부에 위치한 기도실

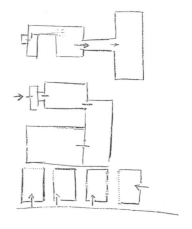

운동에 따른 효과 스케치(1929년)

sur-l'Arbresle 마을 라 투레트 고지의 가파른 경사면에 있다. 키가 크지 않은 관목이 자라고 산은 그다지 깊지 않지만 주위에는 인가가 드물다. 보졸레의 포도를 영글게 하는 풍요로운 햇살이 경사진 초원에 내리쬐면 나뭇잎이 반짝반짝 빛난다. 북쪽에 있는 옛 수도원에서 길을 따라 조금 걸으면 성당의 거대한 콘크리트 벽면이 보인다. 콘크리트 매스는 기복이 있는 한가로운 주변 풍경과 날카로운 대조를 이루며 햇빛과 구름, 초목이 없는 벌거숭이 대지와 대화를 나눈다. 위쪽으로 보이는 직육면체 종루를 목표로 계속 걸어갔다.

　라 투레트 수도원의 노출된 콘크리트 표면은 예상했던 것보다도 더 거칠었다. 성당과 동쪽 날개의 틈새로 한 눈에 중정이 펼쳐진다. 실로 불가사의한, 본 적도 없는 듯한 중정의 풍경! 마치 기계의 내부 같다. 각뿔, 원통, 직육면체, 빛 대포와 빛 기관총, 수평과 수직으로 달리는 플루팅, 율동적인 선, 세로결 유리와 체크무늬 등은 와글와글 충돌을 일으키는 것처럼 보이면서도,

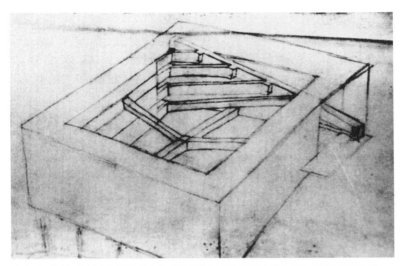

흥미로운 가능성. 입구에서 옥상으로 올라가는 일직선의 경사로를 연구했다. 실현되지는 않았다.(1954년 4월)

빈틈없는 중정의 윤곽에서 흘러나온 풀밭 위에 고정되어 햇빛을 받으며 멈춰 서 있다. 가로지르는 회랑의 지붕에도 잔디가 무성하며 중정은 자연을 끌어들여 숨쉬고 있다. 시간의 경과에 따라 시시각각 예민하게 변화해 가는 장면들이 연출된다. 원경에서는 자연을 거부하고 근경에서는 자연과 화합한다. 이 수도원은 자연이라는 무대를 교묘하게 강조하는 장치인 셈이다. 이 기도와 묵상의 집 안쪽에는 이렇듯 감동을 자아내는 장치가 숨쉬고 있다.

기하학과 인간적 척도

1952년 르 코르뷔지에는 롱샹 성당으로 알게 된 쿠튀리에Couturier 신부의 추천으로 라 투레트 수도원의 설계를 의뢰받았다. 1953년 2월에 부지를 처음 방문하고는 폐허가 된 낡은 수도원의 모습과 훌륭한 부지에 매혹되고 말았다. 그해 10월 본격적인 설계가 시작되었으며, 원시적인 사원의 경우처럼 단

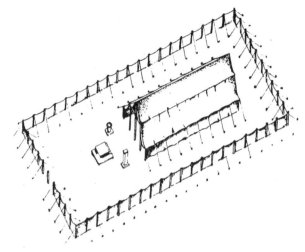

원시적인 사원을 구축. 기하학 정신

"원시적인 인간은 없다. 원시적인 수
단이 있을 뿐이다. 사고는 바뀌지 않
는 것이며 처음부터 모든 힘을 드러낸
다." "완성된 것은 구조적으로 좋고,
힘을 균등히 분산시켜 강도와 편의를
위해, 척도를 정하고 모듈을 채용, '이
것을 작업의 기준으로 삼았다.' 즉 질
서를 도입한 것이다. 왜냐하면 그를
둘러싼 주위의 숲은 칡류와 가시나무
류, 줄기가 엉켜 있어 그의 노력을 방
해하여 일하기 힘들게 하고 있다."
(『건축을 향하여』, 1924년)

순한 기하학의 정신에서 출발했다.

삼면이 숲으로 둘러싸이고 경사가 가파른 초원에 세워진 라 투레트는 하늘의 푸른 색조에서 구상이 떠올랐다고 한다. 지붕에서 시작하여 건물 전체에 중정형의 수평 슬래브를 올려놓고, 지상의 경사지에는 필로티를 세움으로써 완성된다. 롱샹과 마찬가지로 주변 자연과의 교감에 초점이 맞춰졌다.

수도사들이 공동생활을 하는 장소인 내부 공간에는 백 개의 방(개인실)이 있으며 정사각형 평면의 한쪽에 성당이 배치되어 있다. 방의 표준 치수는 가로 1.83m, 세로 6m, 높이 2.26m라는 모듈에 따른 것으로, 기밀한 인간적 척도로 만들어졌다. 이것은 설계가 의뢰된 해에 완성된 마르세유의 유니테다비타시옹의 설계 개념과 연속선상에 있다. 수도원은 완결된 하나의 사회적 모형이다. 르 코르뷔지에는 1907년 스무 살에 팔레 주택을 설계하고 받은 돈을 가슴에 품고 친구 페랭과 함께 이탈리아 각지를 여행하였다. 피렌체 근교

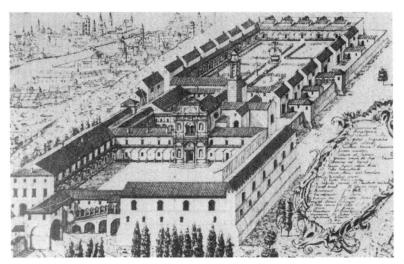

엠마 수도원(샤르트르 수도회, 14세기)

에 있는 15세기 샤르트르회 엠마 수도원으로부터 큰 감명을 받아, 1911년 동
방 여행을 했을 때 돌아오는 길에 다시 한번 들러 실측까지 시도했다. 이 건
물은 수도원으로서 또한 인간 공동생활의 원형으로서 그의 마음속 깊이 새
겨졌으며, 이 기억은 평생을 두고 설계할 때마다 종종 나타나곤 했다. 그는
1948년 쿠튀리에 신부에게 스무살 때 만난 엠마 수도원이 자신이 가야 할 인
생의 방향을 결정지었다고 고백했다. 엠마 수도원을 인간 척도의 주택이라
고 언급하면서 그는 다음과 같이 말했다.

"토스카나 지방의 선율처럼 흐르는 풍광 속에서, 언덕 위에 올려진 관冠
같은 현대적인 도시를 보았습니다. 수도승들의 승방이 길게 이어진 관 모양
의 수도원은 참으로 고상하고 우아한 실루엣을 지녔습니다. 한 단 낮은 곳에
위치한 승방들은 주변을 완전히 둘러싼 작은 뜰을 향하고 있습니다. 이처럼
즐거운 삶은 다른 어디에도 없으리라는 생각이 들었습니다. 승방 뒤쪽에는

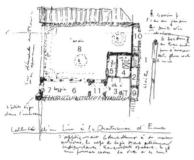

**공동생활의 이상적인 모습,
엠마 수도원의 개인실 스케치 (1907년)**

"승방은 모두 회랑 없이 보랑步廊(1)에 따라 병치되고 있다. 또 개인실과 중정은 통로(2)로 둘러싸여 회랑으로부터 미세한 소리도 들리지 않는다. 승방의 틈새(9)에는 개신자와 수도사가 살아가기 위해 필요한 빵과 매우 귀한 포도주 한 병, 그리고 중정에서는 재배하기 힘든 야채 등을 넣어 두었다. 틈새의 뒤쪽에는 승방의 통로가 있는데, 수도원장만 이 통로를 통하여 중정 출입구(10)까지 갈 수 있다. 요컨대 이 건축 형식은 모든 점에서 수도사의 고독에 초점을 맞추고 있다. 수도사는 고독하다는 전제하에 더욱 고독감을 추구한다. 승방은 난방 설비가 있는 전실(3), 목제 침대와 긴 의자, 책상과 책장의 4가지만을 허용한 소실(4), 그리고 후실(5)의 세 부분으로 구성되었다. 또 승방에는 저장고(11)가 있다. 통로(6)는 손 씻는 곳(7)으로 통한다. 중정(8)의 넓이는 개인실 3~4배이며 높은 벽으로 둘러싸여 있다. 수도사의 소지품은 엄중하게 규정된다. 침대에는 짚으로 된 이불과 베개, 2장의 모포를 둘 수 있고, 약간의 식기와 수리 용구, 재봉 용구, 필기 용구, 빗과 면도기, 그리고 책 2권까지 허용되었다. 예술 작품으로 이름 붙일 수 있는 것은 다만 십자가뿐이다." (W. 브라운펠스, 『서유럽의 수도원 건축—계율의 공동체 공간』)

하나의 문과 작은 창이 있어 주변 통로로 직접 연결됩니다. 통로는 아케이드, 즉 회랑으로 되어 있으며 이곳을 지나 공동 시설들을 이용합니다. 기도, 면회, 식사, 매장埋葬 등이 이뤄지는 이곳은 현대 도시로 보이지만 15세기에 지어진 곳입니다. 그 빛나는 광경은 영원히 나의 마음속에 남아 있습니다." (르 코르뷔지에, 『프레시지옹』)

풍경 속의 라 투레트 수도원은 하나의 인공적인 질서로서, 외부의 자연과 대립하면서도 그 내부는 소우주인 인간의 질서가 고루 미치는 곳이다. 수도원 내부는 정연한 비례와 인간의 척도, 조화로운 리듬으로 충만하다. 이러한 인공의 질서가 자연의 질서에서 발견되는 고원한 단계에 이르기를, 르 코르뷔지에는 부단히 꿈꿔 왔을 것이다. 결국 내부에서는 자연을 지배하는 모종의 궁극적인 장치가 인간화되어 조화의 원리를 지배한다. 르 코르뷔지에의 마음이 엠마 수도원에 끌리는 것은 인체의 해부도나 시적 감상을 불러일으

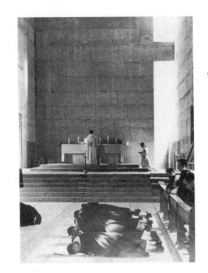

라 투레트 수도원 승방과 대성당 내부

키는 소재, 그리고 여객선의 단면에 끌리는 것과 마찬가지다. 이것은 그의 건축에 자연과 인공의 대비가 모든 단계에 걸쳐서 여러 겹으로 나타나고 있음을 의미한다.

라 투레트 수도원에서는 엄정한 기하학이라는 인간의 언어와 소박하고 거친 콘크리트라는 재료를 통해 빛을 조형함으로써 조화로운 세계가 만들어진다. 그리고 이곳에서는 그 이상의 것, 즉 세계를 인간화하고자 하는 강렬한 욕구가 느껴진다. 마치 라 투레트 고지의 경사면에 인간의 징표로서 말뚝을 박고, 인간의 질서 아래 세계를 재구성하여 정박시킨 것처럼 말이다. 인간이 기하학을 처음 만들던 그 원시적 정신까지 거슬러 올라간 것 같다. 질서의 근저에 있는 기하학이 기점의 의미를 지닌 보편적인 요소로서 효과를 발휘할 수 있는 건축을 철저히 추구하면서, 아마도 르 코르뷔지에는 인간에게 있어서 건축이란 무엇인가라는 궁극적인 물음에 도달한 것 같다. 이러한 어조의

라 투레트 수도원 식당

배후에는 시대에 대한 커다란 불안과 위기를 감지하는 의식이 있었던 것이
확실하다. 이 점은 설계에 크게 도움을 주었던 크세나키스(Iannis Xenakis,
1922~2001년, 그리스 태생, 현대 음악 작곡가, 파리 거주)의 증언에서도 엿볼 수
있다.

　"'모든 것이 너무 빨리 진행되고 있다. 내가 저 세상으로 갈 날도 이제 얼
마 남지 않았다.' 하고 1956년에 미소를 지으며 나에게 말했다."(크세나키스,
『심원한 상징적 기호』)

　1920년대에 꿈꾸었던, 명쾌한 질서가 지배하는 도시 개념이 황폐하고 거
대한 현실로 닥쳐 오고 있었다. 그때 르 코르뷔지에는 세상을 마주한 한 인간
의 힘을 느꼈던 것이 아닐까? 현실 속의 인간은 시간으로부터 밀려나 떨어지
는 극히 상대적이고 불안정한 존재에 불과하다고 말이다. 르 코르뷔지에는
20세기의 인류가 깊게 사려하지 않은 채 터무니없는 발전과 확장에 매달렸

기 때문에, 멸망할 수밖에 없을 것이라고 말했다. 바로 그 해에 있었던 전람회에서 그는 다음과 같이 썼다.

"문제의 핵심은 명확하다. 복잡함에 주저하지 않고 단순함에 도달할 것, 파괴를 일삼느라 잃어버린 인생의 꿈을 좇을 것, 젊은 상태에 머무르는 것이 아니라 젊어져 갈 것."

그리고 이 꿈이야말로 르 코르뷔지에를 강하게 끌어당기고 있었다. 라 투레트 수도원에서 볼 수 있는 본질적인 특성과 결코 사라지지 않는 젊음이 모두 이 꿈에서부터 나온 것이다. 우리는 롱샹 성당의 내부 공간에서 꿈의 실체를 본다. 그리고 인간의 언어로 구사된 라 투레트 수도원의 원초적인 기하학의 풍경 속에서 꿈이 사라져 가면서도, 동시에 미래를 향한 희망의 빛은 흐르고 있다고 생각한다.

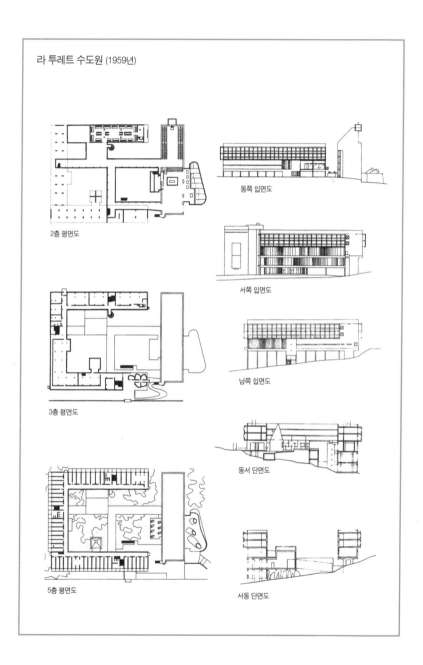

라 투레트 수도원 (1959년)

2층 평면도

동쪽 입면도

서쪽 입면도

3층 평면도

남쪽 입면도

동서 단면도

5층 평면도

서동 단면도

Le Corbusier

7

인간적 치수

― 카프 마르탱의 오두막집 ―

저녁 퇴근길, 사람들로 붐비는 리옹 역에서 5시 17분발 특급 열차에 몸을 실었다. 열차는 마르세유를 지나 밤 11시쯤 종점인 니스에서 멈췄다. 한적한 고급 별장지인 이곳의 역 앞에는 늦은 시간임에도 사람들의 웅성거림이 끊이지 않고, 종려나무 가로수가 바닷바람에 흔들린다. 플랫폼에서 갈아탄 열차가 해안선을 따라 해변을 달리자 열차 안은 바다 향기로 가득 찬다. 모나코의 몬테카를로가 가까워지자 휘황찬란한 네온사인과 고층 빌딩의 숲으로 둘러싸인다. 도심의 불빛 숲 속에는 정장을 한 수많은 남녀가 한 장의 도박 칩에 자신의 짧은 운명을 맡기고 있을 것이다. 열차는 금전 거래가 이루어지고 있는 도심의 불빛 속을 빠져나가, 11시 45분쯤 불빛도 드물어지는 카프 마르탱에 도착했다. 그곳에 숙소를 정하고 이튿날 카프 마르탱Cap Martin의 오두막집을 찾았다.

카프 마르탱의 오두막집은 1952년에 지어졌다. 르 코르뷔지에의 아내인 갈리 부인이 이곳에서 태어났고 르 코르뷔지에의 선조도 16세기 무렵까지는 이곳에서 살았다고 하니, 카프 마르탱은 고향이나 마찬가지다. 오두막집은 지중해가 내려다보이는 나지막한 언덕 위에 모듈에 따라 사방 3.66m, 높이 2.26m로 설계되었다. 그곳에서 15m 떨어진 곳에는 2m×4m의 작업실이 있다.

르 코르뷔지에는 파리에서 계속되는 고된 작업에 대비하여 충분한 정신적 여유와 깊은 사색을 갖기 위해, 수평선이 보이는 이 작은 통나무 별장에서 여름을 보냈다. 기디온S. Giedion에게 보내는 편지에서 "나는 이곳에서 행복한 수도승처럼 생활하고 있다."고 썼다. 환경이 인간에게 행복을 준다는 것에 공감하면서 사회의 물질적 문제 해결을 위해 고독하게 일하는 건축가와, 세계의 정신적 구제를 위해 일하는 수도승을 동등하게 생각했다. 물론 그는 세상 사람들로부터 오해를 자주 받기는 했지만 말이다.

카프 마르탱에서 바라본 모나코 몬테카를로

　이 건물은 19cm×4m의 통나무로 만든 간소한 오두막집이며 마을에서 떨어져서 큰 나무 밑에 아주 조용히 자리 잡은 별장이다. 내부 벽에는 베니어판을 붙였지만 세밀한 인간적 치수로 가득 차 호화스럽다. 정사각형의 작은 창으로는 나뭇가지 사이로 충분한 오후의 햇빛이 들어오고 저 멀리 하얗게 반짝이는 바다가 보인다. 도시에서 벗어난 은둔의 집이라고 할 수 있다. 라 투레트 수도원을 설계할 당시, 쿠튀리에 신부에게 보내는 편지에서 그는 도미니코 수도회의 수도승들이 영위하는 극도로 검소하며 조용한 삶과 적극적인 종교 활동에 존경의 마음을 아끼지 않았다. 그리고 르 코르뷔지에 자신도 지중해가 보이는 카프 마르탱의 네 평 남짓한 공간에서 다가올 미래의 공간을 구상하며 태양 아래에서 마음과 지식의 충전을 매년 되풀이했다.

　오두막집을 나서면, 샛길만 있을 뿐 아무것도 없어 정원이라고도 할 수 없는 공터에 낙엽이 가득 깔려 있고 소리 하나 없이 조용하다. 바로 눈앞에는

카프 마르탱의 오두막집과 평면도
1. 입구 2. 식당 통로 3. 코트 걸이 4. 주거 입구 5. 화장실 6. 양복장 7. 침대 8. 낮은 테이블 9. 침대 10. 화장실 기둥 11. 테이블 12. 낮은 선반 13. 선반 14. 세로로 긴 환기창 15. 70cm×70cm의 창 16. 70cm×33cm의 창.

거침없는 바다가 가득 펼쳐지고 바람도 없이 평온한 오후, 새파란 하늘과의 경계에 한 줄로 된 세세한 거품이 일며 끊임없이 은빛 반짝임을 만들어 내고 있다.

소나무 숲 사이로 '프롬나드 르 코르뷔지에'로 이름 붙여진 산책로를 따라 가파른 비탈 위에 있는 르 코르뷔지에의 묘로 향했다. 가는 도중에 한 노부부를 만났는데, 바다에 매혹된 듯 바다를 향해 나란히 앉아서 일광욕을 즐기고 있다. 언덕 위 바다가 보이는 장소에, 마을사람들의 묘와 함께 사방 2m의 작은 땅 안에 르 코르뷔지에 부부의 묘가 있다. 묘비는 원색으로 칠해진 법랑에 새겨져 있다. 바닥에는 손으로 파낸 십자가가 있고 뒤에는 말발굽 모양과 조개껍질 모양이 붙어 있다. 역시 원초적인 기하학과 사랑스러운 인간적 치수로 만들어져 있다.

언덕 위에는 로크브륀느Roquebrune 마을이 있고 눈앞에는 지중해가 넓

카프 마르탱의 작업실에서

게 펼쳐져 있다. 밀려왔다 밀려가는 단조로운 움직임만을 되풀이하며 끊임 없이 표면에 거품을 만드는, 바다가 푸른 철판처럼 펼쳐진다. 바다는 바람과 구름 사이로 비추는 빛의 변화에 따라 굉장히 미묘하고 다채로운 형태와 빛 깔의 추이를 보여 준다. 그러한 자연의 풍요로움 속에서 시간이 계속 흘러가 듯 인간의 삶도 그 속에 조건지어져 있다. 이처럼 영원히 이질적인 외부 세계 를 인간의 척도로 끌어들이는 방법으로서 '기하학적 언어', '건축적 산책로', '맑고 깨끗한 시간'이 있으며 그것은 '풍경의 음향학'이자 '기하학적 풍경' 이며, 그리고 '인간적 치수'였을 것이다.

1년의 반은 눈에 묻혀 있다는 쥐라의 어두운 숲에서 태어나, 빛에 민감한 창조의 어둠상자를 품고서 끊임없이 그림을 그렸던 내향적인 한 소년은 스 물넷에 과거로 거슬러 가는 여행을 하면서 그 너머로 풍요로운 움직임을 감 추며 흔들리는 불변의 바다를 보았다. 역사가 준 빛의 교훈에 의지하여, 서른 살에 숲과 바다의 중간인 파리로 나왔다. 새롭게 일어나기 시작한 기계 문명 속에서 명석한 이성의 빛을 침투시켜, 앞으로 다가올 세계를 제시해 보여 주었다. 이제 선조의 뒤를 따르듯 결국은 지중해의 햇빛에 이끌려 예순다섯 살에 카프 마르탱의 오두막까지 오게 되었다. 쥐라 숲의 아이가 마음속에 품었던 어둠상자는 모든 감각으로 빛을 접촉하고 그로부터 해방되어 갔다. 그와 동시에 그의 사상과 조형은 세계를 향해 한꺼번에 개방되어 감염되듯 확산되어 갔다.

1965년 8월 27일 11시, 르 코르뷔지에는 수영복을 입고 카프 마르탱의 오두막집을 나선 후 은빛으로 빛나는 바다의 파도에 몸을 맡긴 채 다시는 돌아오지 않았다.

묘 스케치(1963년 8월 2일)

후기

도쿄의 우에노上野 공원에는 르 코르뷔지에가 일본에 설계한 유일한 건축, 국립 서양미술관이 있다. 그 설계 경위를 보면, 제2차 세계대전의 전후 처리로 프랑스 정부에 몰수되었던 일본인 수집가의 미술품들이 일본에 반환되면서, 그림을 인수하기 위해 미술관을 설립한 것이다. 르 코르뷔지에가 기본 설계를 하고, 두 명의 일본인 제자(마에가와前川, 사카쿠라坂倉)가 실시 도면을 그려 1957년에 완성하였다. 그리고 1955년 르 코르뷔지에는 예순여덟에 일본에 왔다. 서양미술관 협의가 여행의 주요 목적이었지만, 일본에 일주일간 체류하면서 교토, 나라 지방의 전통 건축도 돌아보았다. 당시 스케치북을 보면 가쓰라리큐桂離宮를 방문하여 쇼우킨테이松琴亭의 의자 배열에 감탄하고 두 평 남짓한 작은 공간을 선호하는 일본인의 취향에 대해 얘기했다. 그곳에서 3년 전에 지은 자신의 별장, 카프 마르탱 오두막집의 다실茶室과 같은 인간 척도와의 공감을 확인했을지도 모르겠다. 그의 눈에 일본의 풍토나 건축의 모습이 어떻게 비쳤을까?

내가 르 코르뷔지에와 관련을 맺게 된 것은 거의 20년 전으로 거슬러 올라간다. 백색의 건축에서 투명하면서도 윤기 있는 주택에 매료되어 르 코르뷔지에의 주택 작품을 50분의 1 모형으로 만들었다. 스티로폼 보드로 여러 개의 모형을 만들면서 거기서 깊이를 알 수 없는 수학적 구조를 알게 되었고, 그러면 그럴수록 더욱더 르 코르뷔지에의 건축에 매료되었다. 그러나 이 서양적 사고의 매력에 빠져들면 빠져들수록 나는 거기에 동화될 수 없다는 것을 강하게 느끼기 시작하였다. 르 코르뷔지에의 자연에 대한 감각은 내게는 없는 것으로, 우선 나 자신을 알 필요가 있었다. 그것은 내가 태어난 일본의 전통을 확인하고 그 기준에서 서양을 다시 보는 작업이었던 것 같다.

이 책은 이처럼 르 코르뷔지에의 건축 세계를 가장 총체적으로 애기할 수 있는 시점이 어디에 있는가 하는 내 개인의 흥미에서부터 시작되었다. 이처럼 다양한 조형을 시도하고 사회적 자기 선전을 늘어놓으며 시적인 문장을 사용한, 이 기복 많은 한 사람의 인간을 최종적으로 끌어당긴 것은 도대체 무엇이었을까? 그리고 이렇게 자신을 완전히 개방한 인간에게, 모든 표현 행위를 전적으로 허용해 주고 배후에서 그를 지지해 주었던 시대의 꿈은 무엇이었는지에 대해 묻고 싶었다. 느릿느릿 원고를 쓰고 있을 당시 때마침 일어난 세 가지 사건이 나의 확신을 굳히는 데 일조했다. 첫째는 '동방 여행'의 수첩(스케치북) 6권이 출판된 일이며, 둘째는 두 번에 걸친 내 여행이며, 셋째는 바르셀로나에서 본 르 코르뷔지에 탄생 100주년을 기념하는 대규모 회고전이다. 이 책을 끝낸 지금도 여전히 르 코르뷔지에 작품이 지닌 정신성에 탐복하게 된다. 예전에는 번잡한 되풀이로만 생각되던 르 코르뷔지에의 말들이 이제는 조금씩 명료하게 다가온다. 다시 한번 천천히 읽어 보고, 글자 그대로 받아들이고 싶다. 잡무를 분담해 주고 지도를 그려 준 미즈타니水谷重憲 씨에게 감사의 뜻을 전한다.

1887년 스위스에서
태어나다

1905년 팔레 주택

1922년 보쿠레슨 주택

1923년 라 로슈·잔느레 주

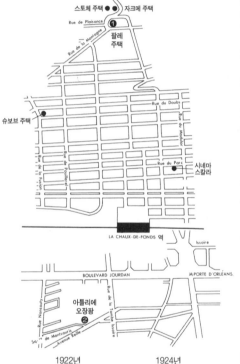

❶ 팔레 주택

스위스 라 쇼드퐁 역으로 가는 열차는 베른에 많다.
소요 시간은 약 45분. 주택의 보존 상태는 비교적
양호하다. 시네마 스칼라는 후면의 입면만 남아 있
다. 또 7km 정도 떨어진 곳에 있는 르 로클에는
1912년에 계획된 파브르 자코 주택이 있다.

팔레주택 1, chemin de pouillerel
스토체 주택 r 6, chemin de pouillerel
자크메 주택 8, chemin de pouillerel
잔느레 주택 12, chemin de pouillerel
슈보브 주택 167, rue du Doubs
시네마 스칼라 52, rue de la Serre
파브르 자코 주택 6, côte des Billodes, Le Locle

❷ 아틀리에 오장팡

파리 시내에 있으며 지하철역에서 걸어갈 수 있다.
스위스, 브라질 학생회관과 가깝다.
Ⓜ4 PORTE D'ORLÉANS 하차
53, avenue Reille, Paris

엄마와 형과 르 코르뷔지에
(오른쪽)

1916년
슈보브 주택

1922년
아틀리에 오장팡

1924년
리프시츠 미스차니노프 주

924년 엄마의 주택　　　1925년 에스프리 누보관　　　　　　1926년 테르니지앵 주택

1926년 쿠크 주택

❸ 난제세르 에 콜리 가 아파트

파리 시내에 있으며 지하철역에서 걸어갈 수 있다. 여기서 30분 정도 더 걸어가면,
라 로슈·잔느레 주택, 쿠크 주택, 리프시츠 미스차니노프 주택이 나온다. 르 코르
뷔지에가 살았던 아파트는 그의 오랜 동업자 앙드레 보젠스키가 사무실로 사용하
고 있으므로, 토요일과 일요일을 제외한 근무시간 중에는 내부를 구경할 수 있다.

Ⓜ 10 PORTE D'AUTE UIL 하차 24, rue Nungesser-et-Coli, Paris

쿠크 주택, 리프시츠 미스차니노프 주택, 테르니지앵 주택은 모두 매우 가까이 붙
어 있어서 길에서 본 수 있다. 쿠크 주택은 파사드가 많이 바뀌었고 테르니지앵 주택
은 증축되어서 1층 부분밖에 남아 있지 않다.

Ⓜ 10 BOULOGNE-JEAN-JAURES 하차

쿠크 주택 6, rue Denfert-Rochereau, Boulogne-sur-Seine
리프시츠 미스차니노프 주택 7, allée des Pins-3, rue des Arts, Boulogne
테르니지앵 주택 5, allée des Pins, Boulogne

❹ 라 로슈·잔느레 주택

파리 시내에 위치하며 지하철역에서 걸어갈 수 있
다. 현재 르 코르뷔지에 재단 본부 사무실로 사용된
다. 아틀리에 등 주요 부분은 답사할 수 있다. 월~
금요일에는 10시~12시 30분, 13시 30분~18시까
지(금요일에는 17시까지) 개관. 입장료가 있으며 르
코르뷔지에의 자료를 관람하고 싶은 경우에는 사전
에 예약을 하면 14~18시 사이에 관람할 수 있다.

Tel. 42.88.41.53

8-10, square du Docteur Blanche, Paris

1926년
기에트 주택

1926년
구세군 난민 병원

1925년
페삭 집합 주택

1927년
가르셰 주택

1927년	1928년	1928년	1929년
플라넥스(Plainex) 주택	넥스루 주택	센트로소유즈	사보아 주택

⑤ 가르슈 주택 (파리로부터 19km)

파리 교외 가르슈Garches에 있다. 파리 생 라자레 Paris-ST-LAZARE 역 브와 voie 1~5 부근에 매 시각 열차 몇 대가 있다. 열차를 타고 약 20분 후에 가르슈 마른느 라 코케트 GARCHES-MARNES-LA-COQUETTE 역에서 하차, 역에서 도보로 약 20분 걸린다. 현재는 아파트로 사용하며 부지 안으로 들어갈 수 있다.

17, rue du Prof. Victor Pauchet, Garches

⑥ 플라넥스 주택

파리 시내에 있으며 지하철역에서 걸을 수 있다. 현재는 아파트로 사용한다. 근처에는 구세군 본부가 있다.

Ⓜ 7 PORTE D'IVRY,
Ⓜ B⁰. MASSÉNA(R.E.R.) 하차
24, boulevard Masséna, Paris

⑦ 구세군 본부

근무시간에 방문하면 입구, 로비 등을 답사할 수 있다.

12, rue Cantagrel, Paris

⑧ 바이센호프 지드룽

서독의 슈투트가르트에 있다. 1927년 (공작연맹전)때 지은 2인 가족용 주택과 1인 가족용 주택 두 동이 현존한다. 슈투트가르트 역에서 걸어갈 수 있지만, 역에서 43번 버스(Kunstacademie에서 Killesberg행)에 타면 10분 후에 바이센호프 언덕에 도착한다.

Am Weissenhof 30, Stuttgart 1

1927년	1928년	1929년	1930년
바이센호프 지드룽	아비레이(d'Avray)주택	카르타고 주택	베이스테기(Beistegu 아파트

1930년
망드로 주택

1930년
클라르테(Clarté)집합 주택

1933년
난제세르
에 콜리 가의
아파트

1935년
마테(Le Mathes)의 집

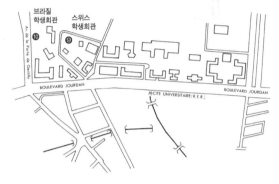

⑨ 스위스 학생회관, ⑩ 브라질 학생회관

파리 시내에 있으며 지하철역에서 걸어갈 수 있다. 대학도시의 부지에는 세계 각국의 학생 기숙사가 있는데 르 코르뷔지에가 설계한 학생회관도 이 부지 내에 있다. 학생회관은 접수처에서 허가를 받으면 로비를 답사할 수 있다. 근처에는 아틀리에 오장팡이 있다.

Ⓜ CITÉ UNIVERSITAIRE (R.E.R) 하차

7, boulevard Jourdan Cité Universitaire, Paris

4, avenue de la Porte Gentilly Cité Universitaire, Paris

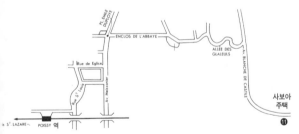

⑪ 사보아 주택 (파리에서 38km)

파리 교외 푸아시(Poissy)에 있다. 파리 생 라자레 역 브와voie 10~15 부근에 매 시각 열차 몇 대가 출발한다. 약 20분 후에 푸아시 역에서 하차. 역에서 도보로 약 20분 소요된다. 현재는 프랑스 정부가 관리하며 공개하고 있다. 10~12시, 14~16시(11~3월), 14~17시(4~10월) 견학 가능. 매주 화요일 휴무. 입장료 무료.

Chemin de Villieres 78300 Poissy

1930년
구세군 본부

1932년
스위스 학생회관

1935년
셀 산 크루(La Celle-Saint-Cloud)
주말 주택

1936년
브라질 교육보건성

1937년
파리 만국박람회 파빌리

1949년
쿠루체트 주택

1952년
마르세유 유니테다비타시옹

1954년
면직물협회 회관

⑫ 카프 마르탱 오두막집

지중해를 면한 남프랑스의 카프 마르탱에 있다. 니스에서 26km 떨어져 있으며 모나코 공화국에 인접해 있다. 열차로 파리에서 12시간, 마르세유에서 3시간, 니스에서 30분 정도 걸린다. 카프 마르탱 역에서 하차, 역에서 '프롬나드 르 코르뷔지에'라는 산책로를 15분 정도 걸으면 나온다. 현재 국가에서 관리하며, 사전 예약을 하면 매주 화요일, 목요일 14~17시 사이에 안내를 받을 수 있다. 시간은 계절에 따라 바뀐다.

Plage du Buse 06 Cap-Martin-Roquebrune

⑬ 자울의 집

파리 시내에 있으며 지하철역에서 걸어갈 수 있다. 개인 주택이므로 들어갈 수는 없다.

Ⓜ 1 PONT DE NEUILLY 하차

1947년
국제연맹 본부

1951년
산디에 공장

1952년
카프 마르탱 오두막집

1955년
찬디가르 고등법원

1955년	1956년	1956년	1958년
롱샹 성당	사라바이 주택	쇼단 주택	Kembs-Niffer 수문

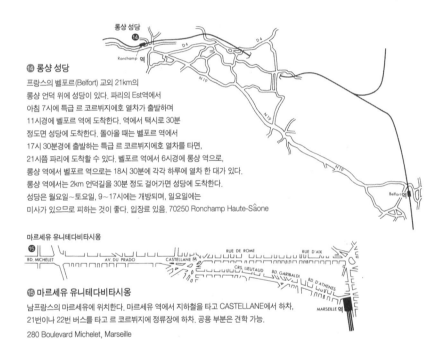

⑭ 롱샹 성당

프랑스의 벨포르(Belfort) 교외 21km의
롱샹 언덕 위에 성당이 있다. 파리의 Est역에서
아침 7시에 특급 르 코르뷔지에호 열차가 출발하며
11시경에 벨포르 역에 도착한다. 역에서 택시로 30분
정도면 성당에 도착한다. 돌아올 때는 벨포르 역에서
17시 30분경에 출발하는 특급 르 코르뷔지에호 열차를 타면,
21시쯤 파리에 도착할 수 있다. 벨포르 역에서 6시경에 롱샹 역으로,
롱샹 역에서 벨포르 역으로는 18시 30분에 각각 하루에 열차 한 대가 있다.
롱샹 역에서는 2km 언덕길을 30분 정도 걸어가면 성당에 도착한다.
성당은 월요일~토요일, 9~17시에는 개방되며, 일요일에는
미사가 있으므로 피하는 것이 좋다. 입장료 있음. 70250 Ronchamp Haute-Sâone

마르세유 유니테다비타시옹

⑮ 마르세유 유니테다비타시옹

남프랑스의 마르세유에 위치한다. 마르세유 역에서 지하철을 타고 CASTELLANE에서 하차,
21번이나 22번 버스를 타고 르 코르뷔지에 정류장에 하차. 공용 부분은 견학 가능.
280 Boulevard Michelet, Marseille

1955년	1956년	1957년	1958년
낭트 유니테다비타시옹	자울의 집	베를린 유니테다비타시옹	필립스 관

1958년
찬디가르 행정청사

1959년
동경서양미술관

만년의 르 코르뷔지에와 모친

1961년
브리에 유니테다비타시

⑯ 찬디가르 도시계획

찬디가르는 1948년 인도 펀자브 동부가 파키스탄에 통합된 후 인도에
새로운 주도(州都)의 건설이 필요해져서, 르 코르뷔지에에게 계획이
의뢰된 도시다. 델리에서 260km 떨어져 있는데 뉴델리 역에 열차가
있고 델리에서는 항공편을 이용할 수 있다. 최근까지 펀자브 주에 외국
인의 출입이 금지되었지만, 1989년 금지가 풀렸다. 르 코르뷔지에는
800m×1200m의 기본 블록으로 계획된 도시 곳곳에 고등법원, 행정
청사, 의사당, 미술학교, 미술관 등을 배치·설계했고, 기타 시설은 주
임 건축가들이 설계했다. 찬디가르는 오토닉사를 이용하면 1일 견학이
가능하다. 호텔도 몇 군데 있으므로 시간 여유가 있으면 체류도 할 수
있다.
인도의 델리로부터 900km 정도 떨어진 아메다바드에는 면직물협회
회관, 사라바이 주택, 쇼단 주택, 미술관 등 르 코르뷔지에 작품이 있다.

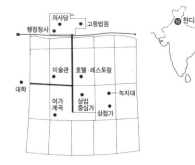

⑰ 라 투레트 수도원

프랑스 리옹(Lyon) 근교의 라브레슬(L'Arbresle)에 있다. LYON-
PERRACHE 역에서 7시와 12시에 라브레슬 역으로 가는 열차가 있으
며, 40분 정도 소요된다. 돌아올 때는 라브레슬 역에서 12시 30분, 13
시 30분, 17시 30분경에 리옹으로 가는 열차가 있다. 역에서 횡단보도
를 건너, 라 투레트 수도원의 도로 표지판을 따라 언덕을 20분 정도 올
라가면 수도원에 도착한다. 견학 시간은 9시 30분~17시 30분. 견학료
있음. 현재는 연수시설로 되어 이틀 전에 예약하면 숙박도 가능하다.
69210 Eveux-sur-l'Arbresle Rhône. Tel. 74.01.01.03

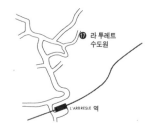

1959년
브라질 학생회관

1959년
아메다바드 미술관

1959년
라 투레트 수도원

1962년
찬디가르 의사당

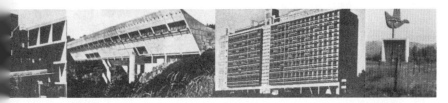

963년	1965년	1967년	1986년
펜터 센터	피르미니 문화의 집	피르미니 유니테다비타시옹	오픈 핸드

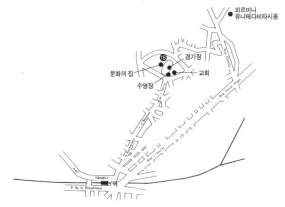

⑱ 피르미니 문화시설

프랑스 리옹에서 70km 떨어진 Firminy-Vert에 있다. LYON-PART-DIEU역에서 FIRMINY역으로 가는 열차가 하루에 5대 있다. 역에서 15분 정도 걸으면 문화의집, 경기장, 수영장, 교회 (기단만 남은 채 건설 중지)가 있는 문화시설에 도착한다. 거기서 언덕으로 10분 정도 걸어가면 피르미니 유니테다비타시옹이 나온다.

42700 Firminy-Vert Loire

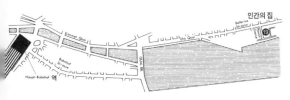

⑲ 인간의 집

스위스 취리히에 위치하며 중앙역에서 도보 40분 거리에 있다. 현재 미술관으로 쓰이며 7월 5일~10월 5일 토, 일요일 14~18시에만 개관한다.

Höschgasse 8, Zurichhorn Park, Zurich

964년	1967년	1968년	
디가르 미술학교	인간의 집	찬디가르 미술관	르 코르뷔지에 부부의 묘

참고문헌

ル·コルビュジエ, 作品集 1 - 8 (Artemis).

The Le Corbusier Archive, 1, 7, 20, 28, A Series in Garland Architectural Archives.

Le Corbusier my work, The Architectural Press London.

Le Corbusier, Lui-Même by Jean Petit.

Le Corbusier, Il viaggio in Toscana (1907) by Gresleri, Calaloghi Marsilio.

Le Corbusier, Viaggio in Oriente by Gresleri, Marsilio Editori.

Le Corbusier, Dessins by maurice jardot.

Le Corbusier, Ronchamp, Œuvre de Notre-Dame du Haut.

Le Corbusier, La Tourette by Anton Henze, Office du Livere-Fribourg.

Le Corbusier, Architect of the Century by Tim Benton Hayward Gallery, London.

オザンファン·ジャンヌレ, 吉川(譯), 近代絵画, SD選書.

ル·コルビュジエ, 吉阪(譯), 建築おめざして, SD選書.

ル·コルビュジエ, 中村·松政(譯), ル·コルビュジエの手帖, 同明舍, 1989.

S. V. モ―ス, 住野(譯), ル·コルビュジエの生涯, 彰國社.

ジャック·バルザャク(監督) ビデオ ル·コルビュジエ 全集 建築都市ワ―クショップ.

富永, ル·コルビュジエの建築装置―幾何学の風景, a+u, 7901.

富永, 近代住宅の再発見1―ラ·ロッシュ邸, SD, 7507.

富永, ル·コルビュジエ手の冒險―サヴォア邸, SD, 8612.

富永, ル·コルビュジエ手の冒險―ロンシャン礼拜堂, SD, 8711.

富永, ル·コルビュジエ手の冒險―ラ·トゥ―レット修道院, SD, 8602.

◎ 사진 : 도미나가富永讓·미즈타니水谷重憲

지은이 도미나가 유주루 富永讓

1943년 대만 출생
1967년 도쿄 대학 건축학과 졸업
1967~1972년 기쿠다케 기요노리 건축설계사무소 근무
1973~1979년 도쿄 대학 조교
1979년 富永讓+Formsystem 연구소 개설
1979년~ 일본여자대학, 도쿄 대학, 도쿄 공업대학,
　　　무사시노 미술대학 등에서 강의
작품으로 특별양호노인요양소 신풍원, 나라 실크로드박람회-
도비히노 지구, 와세다 세미나 도코로자와 학교, 구마모토 시
영 신지단지 제3기 등이 있고, 지은 책으로『근대 건축의 공간
재독』,『富永讓 SD9010』등이 있다.

옮긴이 김인산

서울시립대학교 건축공학과 졸업, 동 대학원 건축학석사
일본 요코하마 국립대학 건축공학과 유학
자유기고가

감수 우영선

서울시립대학교 건축과 졸업, 동 대학원 박사과정 수료
서울산업대, 삼척산업대 강사
옮긴 책으로『파올로 솔레리와 미래 도시』가 있다.

세계건축산책 1
르 코르뷔지에_ 자연, 기하학 그리고 인간

지은이 | 도미나가 유주루
옮긴이 | 김인산
펴낸이 | 박종암
펴낸곳 | 도서출판 르네상스

초판 1쇄 인쇄 | 2005년 2월 11일
초판 1쇄 펴냄 | 2005년 2월 15일

주소 | 03973 서울시 마포구 월드컵북로12길 74 102호
전화 | 02-334-2751
팩스 | 02-338-2672
전자우편 | rene411@naver.com
출판등록 | 제313-2010-270호

ISBN 89-90828-18-X 04610
     89-90828-17-1 (세트)